与最聪明的人共同进化

CHEERS

HERE COMES EVERYBODY

CHEERS
湛庐

"精要人生"系列

别让合作压垮你

BEYOND COLLABORATION OVERLOAD

[美] 罗布·克罗斯　著
Rob Cross

马艳　译

浙江教育出版社·杭州

你知道如何成为高绩效的精要合作者吗?

扫码加入书架
领取阅读激励

扫码获取全部测试题及答案,
一起正确打开合作,
抓住机遇

- 我们应该如何对待一次性的合作请求?（单选题）

    A. 立即处理

    B. 集中处理

    C. 忽略请求

    D. 委托他人处理

- 我们应该如何确定哪些合作是必要的,哪些是可以避免的?（单选题）

    A. 根据合作请求的数量

    B. 根据合作请求的紧急程度

    C. 根据个人的北极星目标

    D. 根据合作请求的来源

- 高绩效的精要合作者往往会按照什么范畴搭建合作关系?（单选题）

    A. 紧急、重要的优先级范畴

    B. 合作伙伴重要程度的范畴

    C. 对自己利益大小的盈利范畴

    D. 短期、中期和长期的时间范畴

扫描左侧二维码查看本书更多测试题

认识合作的两面性，享受更充实的人生

钱小军
清华大学经管学院教授
清华大学苏世民书院教学事务负责人

　　我和很多人一样，是一个特别重视合作的人。无论是作为团队中的一员，还是作为部门或团队的领导者，我们在与他人合作完成任务并共同成长的过程中获得满足，在帮助他人克服各种人生或工作困难中感受幸福。合作让我们感受到力量，让我们获得灵感，让我们能够取长补短、优势互补，让我们可以资源共享。讲解合作优势的书籍汗牛充栋，培训合作技能的课程如恒河沙数，以至于很少有人会想到合作居然还有不良作用。当我拿到《别让合作压垮你》这本书并开始阅读的时候，才惊觉我自己其实已经久受"过度合作"之害而不自知。

仆人型领导的过度合作困境

　　我在清华大学苏世民书院工作了将近 7 年。我到书院工作之前在清华大学经济管理学院工作，教学科研之外还有大量的行政管理工作，负责 MBA 项目、国际合作、国际认证以及学生职业发展中心，光是 MBA 教育中心就有同事超过 20 人。那时，我每天都很忙。当我转到苏世民书院工作以后，我管理的业务单纯了很多（只有教学工作），直接向我汇报的人数也大幅减少，但我似乎还是那么忙，时间还是那么不够用。

刚到书院工作我就发现，书院的电子邮件真是太多了。每天上班一打开电脑，就是一长串新邮件；如果一天的活动安排特别满，没有时间查看邮件，积攒的邮件甚至可以有 50 ～ 80 封。很多邮件其实与我关系不大，但抄送给我的人可能觉得我应该知晓事情的来龙去脉，以免事后可能被埋怨没有告知我。刚到书院工作的时候，每一封邮件我都看，但是很快我就发现，实在没有办法一直这样做下去，因为阅读邮件需要的时间太多了。渐渐地，我找到了应对这种情况的方式，那就是看邮件的标题里有没有我的名字——有的话，就阅读；没有的话，就直接略过。无论怎样，处理电子邮件对于我来说一直都是一件耗时费力的工作。**看上去特别有利于团队合作的"信息共享"，似乎也会让人遭遇"腹胀难消"的窘境。**

"被人需要是幸福的"是我的人生哲学，我崇尚并且实践"仆人式领导"的理念。我向来认为，领导者的首要任务是服务他人，尤其是他们的下属。下属在很多方面都对领导者有需求，他们尤其需要领导者提供清晰的工作目标和期望，希望得到关于如何完成任务的具体指导；需要领导者提供完成工作所需的支持和资源，包括物质资源、人力支持以及时间上的合理安排等等。当下属的上述需求不能得到领导者的及时回应时，他们的工作效率就会降低，甚至停止工作，等待指示。领导者需要及时通过倾听、同理心、鼓励、赋能和支持来促进团队成员的成长和发展，从而实现组织的共同目标。在这个意义上，领导者就是下属的"仆人"。所以，我要求自己尽量及时地回应团队成员的需求，无论是审读文档，还是给予工作指示，我都努力做到快速应答。但久而久之，我也发现，同事们会慢慢养成不加思考便向我征求意见的习惯。

前面讲述的两个例子，都来自我的工作实践，这些事已经长时间地让我感觉"不爽"。但事实上，在打开《别让合作压垮你》这本书之前，我从来没有想过，这些都可能是过度合作的结果；我从来没有认识到，过度合作不仅可能让自己因为忙碌而迷失自我、因为工作流程经常性被打断而大大降低效率，更可能因此影响个人的生活幸福和身体健康。

学会精要合作，找回 24% 的自由时间

阅读《别让合作压垮你》这本书，推动我用辩证和质询式的思维方式对"合作"和"仆人型领导者"的含义进行深入思考，进而更清晰地认识到，"美酒饮教微醉后，好花看到半开时"，世间任何事物都有两面性，过犹不及、盛极必衰。这本书让我知道有效的合作应该是什么样子，有哪些诱因导致我们过度合作，该如何避免或者解决过度合作等核心问题。这本书每一章节的最后，都精心地为读者提供了"精要合作 Tips"，画龙点睛地总结了全章节的要点，特别有助于读者对整个章节观点的把握。特别重要的一点是，本书提供了一整套摆脱过度合作的系统性工作方法，并对如何改变行为习惯从而减少或避免无效合作做了深入的探讨。

我通过阅读这本书提高了对过度合作的认知，初步、有意识地采取一些书中建议的方法已经让我受益良多。因此，我积极热情地向你——这本书可能的读者推荐这本书，你真的可以"找回因为过度合作而丢掉的24% 的自由时间"，并因此而更享受合作的过程，更理解工作和生命的意义，获得更充实、更丰富的人生！

跳出过度合作的陷阱

刘向东
组织健康专家

当我第一眼看到这本书名的时候，我是感到非常吃惊的。在一个强调团队协作的时代里，作者竟然告诉我们，别被合作压垮了。但是当我翻开这本书时，我发现"被合作压垮"确实成为许多人的困扰，也是职场上一个不争的事实。

拒绝成为忙碌的俘虏

我想起一个年轻的管理者，他是一位三十出头的小伙子，有极强的进取心，每周工作 80 个小时以上，并且认为这样的工作强度是合乎情理的。仗着自己身体好，他没日没夜地干活，所有事情大包大揽，同事们形容他"像推土机一样推进着所有事情"。

直到有一天，他的身体发出严重警告，他突然发病，被送往医院。当他醒过来时，医生告诉他，他身体内的肿瘤破裂导致内出血。所幸肿瘤是良性的，手术之后可以痊愈。

休息了一年，他重新回到职场。他告诉我，工作依然是他的人生意义来源，但他也明白，之前的工作方式不够合理。他对我说，在很长一段时间里，他觉得自己成了忙碌的俘虏，习惯忙碌，沉迷忙碌，甚至还在传染忙碌。更可怕的是，有很多忙碌是没有价值的，只是一种惯性，最终吃掉了休息、陪伴家人、深度思考的时间，也吃掉了他的身体。

别做专家，做管理者

为什么会发生这种情况？

当我观察他的工作模式，复盘他的工作习惯时，我惊讶地发现，他正是陷入了过度合作的陷阱，一点一点被合作压垮。因为他专业技能高超，所以他最喜欢的工作方式，是在会议现场、邮件、沟通群里对方案发表意见。而且因为他非常出色，他还经常帮助下属修改方案，把项目做成自己满意的样子。

每次当他提出想法并上手协助之后，下属都会对他的指导表示感谢和认可，慢慢地，他也乐意把自己当作一个专家，而不是个管理者。这导致的结果几乎是显而易见的。他的下属们开始习惯依赖他的帮助，也逐渐不加节制地提出各种需求，有时甚至是拖延项目进度，等待他的"帮助"。因为下属们知道，在某个时刻，他一定会主动出现。

这是一个可怕的循环。他越热切地当一个专家，参与到项目中去，就越会受到重视，自我感觉也越良好，同时下属们也会越发依赖他，不断向他提出需求。而这种需求，有相当一部分是"表演性质"的，因为自己的方案总是不够优秀，也总是需要等到上级介入才能推进，不如通通以"求助"的姿态，把问题都甩给上级。

当然，最后双方都在这种不健康的工作模式中自食其果。这位管理者证实了自己想象的强大，但强大的代价是牺牲了目标的进度和自己的身体。下属也没得到应有的锻炼，被管理者剥夺了成长的空间。

这正是过度合作的陷阱，当所有事情不加区分地通通以"合作""协助""赋能"的面目出现时，很容易造成一个假象——"这件事情现在非常需要我！"然后我们会心满意足地跳入这个陷阱，把每天开了多少个会，解决了多少个紧急的需求当作一种"有效"工作的标志。

事实上，不是所有事情都要亲力亲为，不是所有需求都要响应，不应该每天都在帮别人收拾烂摊子，也不该每天晚上都在凌晨 3 点之后睡觉。而当他意识到自己已陷入"过度合作"时，他如梦初醒。

3 种有效方法，实现精要合作

我想，这个年轻管理者遭受的困扰一定不是孤例。任何一个人，都希望自己的工作更有效率和意义。而逃离过度合作的陷阱，也有简单实用的方法。作者在本书的第二部分提出了精要合作的 3 种有效方法：

- 方法 1，摆脱诱因，重新认知自己的角色。

- 方法 2，重建合作体系，提高合作的"门槛"。
- 方法 3，改变行为习惯，让无效合作自动消失。

每一种方法，都有细致的讲解，也提供了具体的操作思路，相信这些方法可以帮助我们拒绝一些不必要的会议，识别更重要的事情，最终像作者说的那样，找回失去的那 18% ～ 24% 的时间。这些时间，对于我们每个人来说，意味着什么？

我想起一个小故事，比尔·盖茨说自己有"过思考周"的习惯，他会定期闭关，只待在一个小屋里面，不带任何电子产品，只带书、纸、笔，也不允许其他人打扰。这么做的原因，是他需要放空，从原来忙碌的工作状态中跳脱出来，学一点新东西，并且深度思考一些重大的决定。而就在某次思考周之后，他提出了网络会成为行业主要动力的结论。

对于我们来说也是如此。让自己忙起来是容易的，但从忙碌中专门规划"思考"的时间，似乎是需要练习的。如果这 18% ～ 24% 的时间用来调整工作节奏和深度思考，长期来看，对于个人成长和组织的贡献都会更大。

也许我们不用像比尔·盖茨一样有一个思考周，但至少每天留出一点点时间，保留一点点间隔，用于休息和思考。**如果只是一直在与别人合作，而忘记了与自我的交流，那实在是太令人遗憾了。**这一切的开始，是意识到我们需要跳出过度合作的陷阱，找回一些主动权。而当你翻开这本书时，也许改变已经悄然发生。

重新认识合作，从减少合作需求开始

我之所以被过度合作这一话题吸引并对其深入研究，是因为我发现了一个自相矛盾的现象。当时我们正在运用组织网络分析方法（Organizational Network Analyses，ONA）[①] 帮助一些机构客户激发员工的技能和才干，推动组织创新，提升组织绩效。在此期间，我们一次次听到高管抱怨员工缺乏合作精神。为了推动员工合作，高管们进行过组织架构调整，比如采用二维、三维的矩阵式架构，推行过名目繁多的新型技术与管理工具，还推出了领导力发展计划以及企业文化促进项目。他们一直相信这些举措有助于达成目的，直到我问了他们一个简单的问题："你自己会心甘情愿地多接收一封电子邮件、多参加一次会议或者多接听一个工作电话吗？"可

[①] 组织网络分析（ONA）方法是一种用于研究和分析组织内部个体之间关系和互动模式的方法。它通过揭示正式和非正式的沟通、协作和信息流动网络，帮助理解组织内部的动态和结构。——编者注

想而知，假如不是碰巧有人新官上任，没人点头说愿意。

这个问题的核心在于管理者本着美好的初衷为员工提供了许多工具，以为可以减轻正逐渐压垮员工的合作压力。实际上，员工并非因为工作量在短期内激增而加班加点，搞得身心俱疲；相反，正是产生工作负荷的合作本身，在不知不觉中引发了许多问题。从我们多年以来搜集的数据中可以看到，在许多工作岗位上，人们为了完成自身工作越来越需要展开合作，合作量比以往增长了 50%，甚至更多。但是，这一现象却无人在意，从来没有哪个组织设立过"首席合作官"。如何处理这类激增的合作压力，只能靠员工自己想办法。

如今的组织正普遍朝着扁平化、以网络为中心的方向转变，随之而来的是组织采取了一系列令人眼花缭乱的举措来促进内部合作，然而人们在推出这些举措时，其实并不了解合作会耗费多少时间、多少精力。据初步估计，我们工作中有 85% ~ 95% 的内容都涉及某种形式的合作；同时，我们发现尽管大多数人都深受合作的困扰，还是有一些人能够游刃有余、脱颖而出，大约有 10% 的人的工作效率比他人高了 18% ~ 24%，这些人不仅能顺利完成自己的绩效指标，还能够高水准地为他人提供支持。这些少数高绩效人士的工作效率平均每周比别人节省出一天的工作时间，而这正是通过与他人合作实现的。这些人值得作为榜样，我们应深入了解和学习他们的合作模式。于是我开始着手研究，如何在当今这个高度互联的世界中实现个人业绩提升与更高人生幸福感的双重追求。

过去 20 年里，我们的工作方式发生了很大改变。我们开始简化组织层级，扩大员工的权责范围，这意味着我们每个人都需要与更多的人发生合作关系，跨项目、跨成果地完成任务。组织的业务范围越来越全球化、跨职能化，部门之间的界限被打破，互通互联不断加强，团队合作被视为

在合作宇宙里
我永远是自己的 **第一星系**

仅剩的能量条只够
FOCUS
我自己

下班后的晚风，
拥有最高优先级

每日三省:
这事必须我做?
必须现在做?
必须和TA合作?

同步沟通**请预约**，异步回复**看心情**

工作忙 信息响
断舍离后更清爽

"好的" "收到"

"办不到"

我的每一个"不"都应该
NO
被尊重

组织成功的关键。我们过去 20 年来搜集的数据显示，管理者以及员工在与他人合作上所花费的时间猛增了 50% 甚至更多。

这种变化带来的影响非常大，在过去 10 年中，我们与他人通过各种形式，比如电子邮件、电话及视频通话等进行合作花费的时间，比以往增加了 50% 甚至更多，合作花费的时间占据了大多数人一周工作时间的 85% 以上。新冠疫情让这一数字进一步大幅攀升：人们每周要花更多时间在更短促、更琐碎的会议上，语音和视频通话的时间比以往多了一倍，即时通讯的时长增加了 65%。更糟糕的是，工作上的合作需求正在入侵我们的早晨和夜晚，让我们每天开始工作的时间越来越早。管理者可能无法察觉此类合作变化，但它正伤害着组织的灵敏度和创新能力，同时让员工偏离自己的职业发展方向，令他们精疲力竭，影响他们的身心健康。

另外，过度合作不仅带来了工作量激增的问题，与之相伴的还有一个隐而不现却严峻的难题，那就是多样化需求的干扰所带来的认知转换成本。我们会陷入一连串无休止的"两分钟活动的间断脉冲"模式，许多人不断地强制自己在工作与生活场景之间切换。人类认知心理学家已经验证，仅仅是回复一则短信这一简单行为，就可能需要你再花费 64 秒回到先前的思路；如果被干扰的时间再稍长一些，你可能需要长达 23 分钟才能完全回到上一任务。诚然，通过刻意的练习人们确实能够更好地适应干扰，但这种适应是有代价的：经常处于被干扰状态的人会承受更重的工作量、更大的压力、更深的挫折感，并且伴随着更多的时间压力，他们也必须付出更多努力。

更糟糕的是，人们会认可和嘉奖那些有能力处理更多合作需求的人，这也会带来负面影响。如果我们发现有人能力强又乐于助人，便会要求他承担更多项目和更重要的责任。因为这些人的付出型心态和乐于助人的精神，让他们的业绩和声誉能够很快获得提升。爱荷华大学李宁教授最近主持的一项研究表明，一名"比别人多走一千米"的人——一个经常做出职责范围以外贡献的员工，推动团队绩效的力量比其他所有成员加起来都强大。

不过我的研究也展示出了积极的一面，我发现更高效的合作者——那些在人际关系中影响力最大、占用他人时间最少的人之所以能脱颖而出，一定程度上是因为他们懂得如何系统性地安排工作，知道如何降低"始终在线"状态的隐性伤害。我在研究中看到，有远见的组织已经开始采取措施，他们运用 ONA 来研究如何减少合作需求量以保护员工少受其扰。以下有几个例子：

- 两家大型生命科学机构运用 ONA 对工作日历数据进行系统分析，采取措施缩减冗余的会议。
- 一家全球性软件企业重点关注电子邮件问题，研究如何减少邮件数量、缩短邮件长度，以及如何避免不必要的抄送。
- 一家全球著名的保险公司运用 ONA 找出工作最繁重的员工，为他们提供指导培训，减轻他们的工作压力。
- 还有一个不那么有效的例子。一家全球性咨询服务机构推出了"60 秒暂停键"。如果员工感受到非常巨大的压力，可以点击一个按钮，让别人知道他要进入短暂休息状态。他可以利用这 60 秒时间进行某种形式的冥想，不过你可能会觉得这个主意对解决压力来说杯水车薪、无济于事。

20 多年来，我一直在研究高效能组织的潜在人际网络动态及高绩效人士的合作实践，对不断升级的合作需求进行记录。我的研究清晰地表明，总体而言，取得卓越成就的人更善于处理人际关系、更擅长与他人合作。

合作，确实能解决当今商业社会中的许多紧要问题。但是物极必反、过犹不及，即使是最杰出的员工也会陷入合作需求的泥潭而深受其害。

领导者必须学会如何识别、推动并有效地分配正确的合作工作，否则你领导的团队、你的明星员工将面临"被掏空"的危险。事实上我认为现在已经到了聘请首席合作官的时候了，通过创建一个专注于负责员工合作工作的高层管理岗位，领导者可以清晰地告诉大家，你已认识到认真管理团队合作的重要性，并且你会为有效的团队合作提供必要的资源。这样或许可以降低出现"整体远小于各部分之和"的概率。

第一部分
过度合作比单打独斗更可怕

第二部分
精要合作的 3 种有效方法

第三部分
善用找回的 24% 的自由时间

Beyond
Collaboration
Overload

引　言

没完没了的合作，
职业倦怠的源头

职场人士不快乐的主要原因是
大多数人自动陷入了不科学的
合作模式。

过去几十年来，人们在职场中的工作合作强度急剧增加。随着组织结构逐渐向矩阵式过渡，产品和服务也越来越复杂多样，团队间的交流工具也不停更新迭代，合作已成为全世界各行业领域中的常态。

　　如今，你在工作中所做的一切其实都在与他人合作。参加晨会，与下属讨论，指点新员工做项目调研，浏览电子邮件，与同事聊天，在会议间隙回复紧急项目的短信等，以上这些，都是你与他人合作的行为。

　　即使你当下正在独自处理一份合同，也不过是对他人的工作进行了加工，因为这部分工作很可能是他人传递给你，或者你要传递给他人的，你是整条合作链中的一环。这条合作链绵延甚远，上端或许始于董事会，另一端甚至会延伸到公司的一线员工、客户直至消费终端。

　　通常来说，与他人合作应该是件利大于弊的事。它有助于公司更好地为客户服务，员工可以因此参与更多有意义的工作。另外，合作通常有助于人们维护社会关系，这一点有大量的研究成果可以佐证，而拥有更广泛、深入的社会关系的人罹患抑郁症、心脏病、高血压和癌症的概率较低，寿命也较长，甚至还有研究表明这类人在遭受如皮肤割伤等物理创伤时愈合得也较快。

由此看来，置身于丰富多彩的社会工作环境中，我们都应当乐在其中才是。我们应该感到精力充沛、心情愉悦。因为我们正处于前所未有的丰富的工作环境中，可以通过合作来完成有意义的工作，来创造繁荣的社会。

然而现实情况却不尽如此，我们的工作环境无法让人保持愉悦。许多公司饱受消极状态的困扰，如业绩压力，人才流失，员工出现职业倦怠、敬业度下降、心理健康受损等问题，这导致很多公司无法获得卓越的业绩。我们顶着大量、多样、需要快速响应的合作请求，这些请求使我们的精力和脑力承受着前所未有的负荷。我们在工作期间，积压了许多与他人接触时产生的不愉快感受，诸如新上司的刻薄批评、某个大客户的伤人言辞，哪怕我们很快就将那些事抛诸脑后，但由此产生的负面情绪总是需要数小时，甚至几天时间才能消化掉。所以我们在晚上身心俱疲地回到家时，哪还有力气去思考自己为何如此精神不振！

通过一个个案例，我看到因合作而形成的各种压力正一步步渗入人们的健康、家庭以及整个社会环境中。人们无法抽出时间参与那些有益于自己身心健康的人际活动，比如组织邻里聚会、参加公共活动、与他人一起健身、加入志愿者服务团队等，甚至在这些场合现身的时间都没有了。压力对人的身心健康和幸福指数的影响程度已经超越了公司业绩的增长，成为与我们每一个人都密切相关的社会道德问题。

问题出在哪？我们热爱生活并彼此需要，我们需要从社会合作中汲取养分，可为什么合作让我们觉得痛苦？如何才能在提高工作绩效的同时保持身心健康，享受幸福生活呢？

寻找合作压力的根源

我一开始并未专门去寻找这些问题的答案，只是为企业客户提供服务，做一些顾问常做的工作，比如沟通策划、辅助决策以及改革创新。不过很快我发现自己已经置身于极为焦灼的工作状态中。我能感受到来自周围的压力、倦怠感和疲惫感，应对这种状况要比原本的沟通、决策或创新问题都紧迫得多。

与此同时，我耳闻目睹的不只有人们焦灼的工作状态，还有由此引发的个人生活节奏的紊乱：离婚，亲子关系疏离，社会活动匮乏，健康问题频发等。我见过一个看起来特别焦虑的人，我问他靠什么为自己补充精神能量，他回答说："我可以周日去教堂做礼拜。"这意味着即使有短暂的休息时间，他的业余生活也不过如此。多年来，他一点点远离了曾经热爱与关心的事物：运动习惯、亲友聚会、兴趣爱好等，他的生活只剩下一件事，就是工作。

面对这种局面，我无法选择视而不见。于是，我把自己观察到的因合作引发的人们的痛苦和焦虑作为我的研究课题。20 年来，我与团队将这一课题深入发展至多个层面。我们对 300 多个组织进行了组织网络分析，其中大多数是家喻户晓的公司与机构，由此建立起几个基本理论，并提炼出一些结论与建议。

在整个研究过程中，我有幸参与了一些世界顶级机构的项目，包括领导力开发、高管务虚会以及团队建设活动等。我与他人共同创建名为"互联公地"（Connected Commons）的大型企业联盟，因而我有机会与众多联盟成员企业开展合作。另外，每年我都要参与数十个领导力开发项目。也正因为有了这些重要的机会，我的诸多想法与建议才能发展成型，并落实成一种方法论，得以对当下忙得焦头烂额的人们产生重大影响。

我在 20 年前开始这项研究时，自认为对人们不快乐的原因了然于心，我觉得无非是因为：时刻在线的沟通工具、跨时区开展的全球化项目、名目繁多且毫无条理的会议、蛮不讲理的客户，诸如此类，不胜枚举。很显然，这其中的每一个原因都足以打击士气，因此我推测，假如这些因素聚集汇总，就会滋生出毒性很强的土壤，损害公司的根基。

但后来的研究结果却让我大吃一惊。

发现问题所在

高管、经理以及员工不快乐的主要原因大多与技术等外源因素无关。相反，其根源在于与他人的合作本身，或者更确切地说，是我们大多数人自动陷入了不科学的合作模式。

> **深度理解合作**　　　　　　　　　　Beyond Collaboration Overload
>
> 　　首要问题是我们参与的合作过多。这听起来有点荒谬，因为我们一直认为合作是有利的，于是我们总是急于

发起或者被裹挟到合作行动中去。有些合作行动过分消耗了我们宝贵的时间和精力，如果不过度合作，工作反而运行得更为顺畅。

或许"我们正在过度合作"这一结论冲击了大多数机构的组织文化，毕竟当今的知识经济是建立在"想法和决策应当经由群体决议制定"这样一个隐性假设之上的。人们推崇诸如透明度、可见性、众包①等术语，它们是体现员工参与度的重要指标。"需要点子吗？来一场头脑风暴吧！""需要个新计划？举办一场'黑客马拉松②'吧！"我们常说，信息应当自由地流动，要避免谷仓效应③，所以"谷仓"应当被拆除。在许多公司，企业管理工具已经等同于没完没了的电话会议了。

但是，在实际工作中，大家都疲于应付各种毫无成效的合作，人们都快窒息了。人在窒息时会恐慌、手足无措、失控，继而无力思考许多本应优先考虑的事情，例如，如何获得长远幸福、取得事业成功。此外，人们一旦身陷毫无成效的合作中，就会无力顺应公司要求，无法从公司的角度采取相应的行动。如果你也是快节奏公司中的一员，那你一定也有一大堆永远也做不完的应尽事宜。

---

① 指一个公司或机构把过去由员工执行的工作任务，以自由自愿的形式交给非特定的大众群体去完成的做法。——编者注
② 指插件开发的一种形式，源于美国。将高手云集一堂，在几十个小时内开发出一款插件，开发过程中，人们累了或坐或卧，现场休息，当场提交作品。——编者注
③ 指企业内部因缺少沟通，部门之间各自为政，只有垂直的指挥系统，没有水平的协同机制。——编者注

你和同事的"应尽未尽"事宜，会带来严重后果。公司需要大量人员潜心规划未来、协同互助、分析趋势、优化内部流程。而功能失调的合作妨碍了这些计划的进行，因为你的每一步工作都受制于他人，你只能亦步亦趋，处境被动。

这本书将向你展示如何对人们的思想观念、结构化思维以及日常行为习惯进行反思，如何采用新的合作关系和互动模式，从而更高效地与他人进行合作。无论你是一线经理人、中层管理人员，还是高层领导者，这本书都适合你。

即使你是名不需要管理他人、只需要管好自己的个体工作者，这本书同样适合你，因为作为个体工作者，你也应当学会如何战胜过度合作，这样才能走上职业发展的康庄大道。说到底，无论你处于什么职位，如果能有效减少过度合作，每天节约18% ~ 24%的工作时间，那么你每周都能省出接近一整天的时间，岂不美哉？

探索精要合作

我还会介绍一些方法，探索如何将节约的时间投入到提高绩效、发挥潜能、提升整体幸福感的事务中。幸福感是件很重要的事，作为一名谋求事业成功的人士，你不仅要事业进步，还应保持身心健康、家庭美满和睦，能够常与三五好友相聚，并积极参与社会生活。缺失了幸福感，事业成功又算得了什么？

具体来说，有3条合作关系策略可以扩大你的工作影响力，赋予你的工作和生活更多快乐。

别让合作压垮你
Beyond Collaboration Overload

- 在每个新项目的初期便开始广泛开发、利用合作关系，同时重点发展有利于提高效率和创新能力的更长期、更广泛的合作关系（这一点听起来简单，其实做起来极其不易）。
- 做一个积极向上的赋能者，吸收奇思妙想，吸引优秀人才向你靠拢。
- 有针对性地参加一些新形式的合作活动，让身心拥抱更广阔的世界。

我将这些减少合作障碍并使合作效能提高的策略统称为精要合作，这个词既凸显了合作的重要性，又点出将合作精减至本质的必要性。

我见到许多公司煞费苦心地促进员工间的交流。他们拆掉办公室隔断，铺设连通不同工作区域的通道，方便员工穿梭其间，并且资助员工俱乐部和各种交流活动，鼓励员工集体午餐，搭建各种线上合作平台。然而，这些举措都建立于一个基本观念之上，就是合作交流的网络越大越好。事实上这种观念毫无根据，甚至会产生反作用。庞大的合作关系往往只是为人们提供了更多过度合作的渠道而已。

于是，在高管与我讨论如何进行组织结构重组，利用什么技术手段或推行何种企业文化能够刺激员工间的合作需求时，我向他们提出了这个问题："请问在座各位，有谁盼望每天多收一封电子邮件、多开一场会议或多打一个电话，请举手。"当然没人举手。面对这种局面，高管开始反思了。己所不欲，勿施于人。

我不止一次听到高管向我倾诉，其实他们也不清楚有效的合作应该是什么样的，估计整个企业管理界也没人能说得清楚。所以我们是否应该反思：为什么公司让员工将超过 85% 的时间都用在合作型事务中，却不知道这些时间对公司绩效、员工的个体生产力，甚至员工的身心健康产生了什么影响。

很多公司斥巨资采取各种方式来衡量、了解员工的工作状态。他们在公司内部创建成本分配、预算审核的流程，详细和复杂程度足以让爱因斯坦晕头转向；他们严格把关员工的费用支出，报销单要精确到小数点后两位。但是衡量合作影响的指标和措施却几乎没有。

尽管我们每天早上从打开收件箱开始，直到睡前放下手机的那一刻都在不间断地与他人合作，却没有哪家公司的管理者举得出所谓"最佳合作"的范例。当然，一定会有人抛出某种技术来解决合作问题，也会有咨询顾问自以为是地提出某种最佳组织结构，试图推行更灵活的合作流程。但这类人不过是无的放矢，他们只想一味提升合作的数量和速度，却并不真正了解哪些人际沟通能影响人的行为与幸福感。合作一直在发生，却没有人能够对其负责，所有人都深陷其中，没有人能够正确量化其成效，因此我们都无法了解其实际作用。

出人意料的是，那些工作效率高，善于合作的员工也说不清自己的行为有什么特别之处。我发现没人能够量化自己与他人产生的合作，更无法衡量这些合作对自身成功的辅助或抑制作用。没有人教我们如何了解并使用社会资源，然而在当今复杂的合作型工作环境中，了解社会资源的运作方式才是最为重要的本领。

组织中的个体无法清楚地了解合作对自己产生的影响，也没有其他人会帮助个体了解这些影响，因此只能靠自己去掌握这项能力。

有100多家企业和组织加入了我参与组建的"互联公地"联盟，我们

别让合作压垮你
Beyond Collaboration Overload

共同提出了一些可以帮助你规划职业路线的方法。这些方法已经得到实践，且成效卓著，我将在本书中一一进行介绍，让你知道有哪些迹象预示着当今的合作环境已经开始发生变化。

不过，请允许我先向你讲述一位经理人的故事。他是我的研究对象，他自身并没有什么过错，但他的故事让人感到难过和痛苦，且发人深省。在下一章中我们将详细讲述，也许从他身上你能看到自己的影子。

用 ONA 寻找精要合作者

我们经过定性定量研究，汇成了本书的成果。截至目前，这些研究的广度和深度都是空前的。我要将此归功于"互联公地"联盟，联盟中 100 多家世界领先的机构在过去 20 多年来对这项研究给予了很大认可。我非常感谢他们的慷慨，为我提供时间、资金以及访问的机会，对我而言这些都是非常宝贵的资源。此外，这个联盟还为我们的想法创造了空间，经由共同创造、共同探索形成的文化滋养，不断激励我们达成务实的研究成果，这些想法才得以生根发芽、蓬勃生长。这些年来，我在"互联公地"联盟众多会员机构以及联合创始人身上的所学所得，除了令我心怀感激外，也让我感到自惭形秽。

20 多年来，我们从 300 多家机构中收集数据，将网络分析结果与评估个体的创新力、绩效以及幸福感的方法进行了联系。书中提到的高绩效预测，其指标来自许多缜密的 ONA 方法，这些分析小组的规模少则几百人，多则数万人。在每个案例中，我们都把员工绩效评估指标从网络分析中分离，故而数据包含类似于"生产收益""申请专利数量"等客观性数据，同时也包含类似"人力资源评级"等主观的绩效评估指标。

在研究过程中，富有针对性的工作流程也让我们从不同层面获得了有价值的信息。例如，过度合作现象在过去 10 年间成为一个严重问题，于是许多会员机构允许我们使用他们的网络分析数据寻找工作效率高、业绩优异的高效率员工。

过去 10 年中，我们进行了大量定量分析研究，"互联公地"联盟的会员们也不断督促我们提出具备可操作性的实用型观点，于是我们又开展了一系列基于结构化访谈的研究。比如，我们进行了一组面向 200 名对象，每名对象采访时长 60 分钟的电话访问，其中包括 100 名女性和 100 名男性，他们均来自"互联公地"联盟会员机构，是经由 ONA 筛选出的"精要合作者"。这些受访者覆盖了知识工作者中的各种类型，从个体工作者到高层领导者。他们详细描述了自己是如何将宝贵的时间节约下来的。

第 6 章介绍了几组不同的访问成果。我们请 20 家成员机构提名他们认为最成功的员工，并筛选出其中的 160 人（80 名男性、80 名女性），之后我们又筛选出 100 位成功的项目管理者。我们对以上对象分别进行了90 分钟的电话采访，了解他们在职场上获得成功的原因并探寻合作在其中的作用。在剖析了他们职业生涯的成功之处后，我们引导他们反思自身的失败之处，以探寻其合作关系中的不足。他们的故事和经验非常精彩，让我们了解了高绩效员工的不同寻常之处。

第 7 章讲述我们利用 ONA 找到了在合作关系中能够为他人赋能并创造目标感和信任感的那些人，我们采访并了解他们是如何做到的。团队中那些能量满满、活力四射的人，更容易保持高水平的工作效率并取得好业绩，在人际交往中也更游刃有余。为了了解这些人的行为特征，我们也利用了 ONA 的分析结果，找到那些激励他们以及被他们激励的人进行了采访。我们从两个不同角度了解了这些人是如何开展合作的。

第 8 章列举了一些有关幸福感的研究发现，这要再次归功于"互联公地"联盟。联盟中的企业管理者提醒企业不要只关注与员工绩效有关的结论，也要考虑员工幸福感的问题。也是这些机构为我提供了访问 100 位企业管理者的机会，这些管理者的日常事务极其繁忙，我在他们繁忙的日常工作中获得宝贵的 60 分钟电话采访时间，了解他们的想法。与成功人士讨论此类软性话题的机会是非常难得的，我由衷地感激会员机构为我创造了这样的机会，为身处超高速联通时代的我们提供具有可操作性的帮助。另外，第 8 章描述了如何采用评估方法来测评员工的心理和身体健康状况，这个项目是由金融服务、生命科学、高科技以及消费品等领域的数家机构赞助完成的。因此我们获得的就不仅仅是公司的 ONA 数据，更有真实的员工身体和心理健康测评数据。

精要合作
Tips

1. 有些合作过分消耗了我们宝贵的时间和精力，其实，如果不过度合作，工作反而运行得更为顺畅。

2. 无论你处于什么职位，如果能有效减少过度合作，每天节约 18% ～ 24% 的时间，那么你每周都能省出接近一整天的时间。

Beyond Collaboration Overload

Beyond
Collaboration
Overload

第一部分

过度合作比单打独斗更可怕

Beyond
Collaboration
Overload

第 1 章

我们是如何陷入过度合作的

过度合作的可怕之处在于，
它让人在不知不觉中沦陷。

我认识斯科特时，他手下管理着 5 000 多名员工。他一开始在公司里从事的是技术工作，曾带领几名下属负责了四五年项目管理工作，之后他不断晋升，最终被委以重任，负责一款新产品的开发工作，这款产品后来成为公司的明星产品。

　　这家公司和这款产品在美国家喻户晓，获得了巨大成功，改变了客户以往对于此类产品的操作方式，同时催生出了一些衍生产品，这些衍生产品也为公司贡献出巨大的经济价值。经过十四五年时间，从初级产品的大获全胜到衍生产品的辉煌业绩，斯科特的职位迅速得到提升。我与他接触时，许多人认为他此时正意气风发，是下一任 CEO 的主要竞争者。

　　我和我的团队来公司帮助他们缩短新产品上市的周期。我观察斯科特的日常工作，看到了崇拜者口中的他。他颇具战略思想，一人掌管着商户信用卡支付业务事业部中的三大部门，每个部门都拥有 1 800 名员工。他一上任就推行了一系列措施以提升这三大部门的合作灵活性。为了打破职能壁垒，他把一个个小组进行合并，形成几个大组；为了加速决策过程，他削减了组织结构中的层级，直接向他汇报的人数从 6 个增加到了16 个。

增加直接下属人数是他简化管理结构的一种方式。如今直接向他汇报的 16 人中有 10 人曾需要向另外的 6 人汇报，而原来只有这 6 人直接对他汇报。他很自豪地说："我们现在没有那么多层级了。"

因此，他的直接下属的职责范围更加广泛：有些人管理着多名业务负责人，但也有一些人领导着小型团队，负责一些专项事务，比如关于行业趋势的内部季刊编辑。编辑这一职务的级别不像其他下属那么高，但斯科特并不在意。"我这是在告诉大家，我并不以职级的高低来评价个人能力。"他说。

斯科特还宣布要打破信息束缚。"以前的团队设立后，大家出于竞争原因，不愿共享信息和资源，"他说，"我的前任过于强调各司其职，在一定程度上制造了恐慌氛围，导致内部的过度竞争。"为了缓解这种氛围，斯科特建立了许多非直接的工作联系，并组建了许多联合工作小组，让每个人都清楚其他人在做什么。

他还创建跨职能团队，召开跨级别会议，以推动员工之间的相互交流。"我把那些永远无法自发并肩工作的人聚集在一起，"他说，"我创造机会让大家互相亲近，让他们有更多方式一起工作。这样大家就能经常碰撞出非常有趣的点子来。"

这些举措都是典型的仆人式领导力示例，他也觉得用"仆人"一词来描述自己非常恰当。"一个领导者应当尽其所能为他的员工提供支持。"斯科特对我说。这也使很多人自然而然地拥戴斯科特，乐意为他工作。

所以，当我们走进会议室，公司 CEO 把我拉到一边说"我想让你特别留意斯科特，因为我们打算解雇他"时，我大吃一惊。

超级合作者的超级麻烦

从 CEO 口中听到那样的消息，我太震惊了，这导致我在开会时都无法集中注意力。随后我又向 CEO 进一步了解了斯科特的情况，想搞清楚这是怎么回事。

人力资源经理向我透露，尽管斯科特与大多数下属沟通顺畅，下属对他的称赞也溢于言表，但员工的敬业度得分却普遍很低，并且呈下降趋势。更糟糕的是，在斯科特手下工作的员工正以惊人的流动率流失，有很多人都跳槽去了竞争对手的公司。

与斯科特平级的同事也对他颇有微词。有好几次，他都因为与同事之间的合作问题拖慢了整体工作进度，比如，印度一个大型零售集团的项目泡了汤，只因大家没能及时找到他做出决策；还有一次，一个项目的负责人延长了病假，斯科特主动代为负责，直到 6 个月后，他依然亲自管理着这个项目，盼望着原来的负责人病愈归来。

在斯科特身边，我能清楚地看到他的疲惫，他双眼浮肿，看起来心烦意乱。尽管他依然精力充沛地投入工作，却呈现出一丝狂乱的状态。

CEO 怀疑自己对斯科特错付了信任。"斯科特为什么表现不佳？"他问我。我无法立刻给出答案，但直觉告诉我，他如此肯定地认为斯科特的工作方式有问题，这本身就是个大问题。

> **深度理解合作**　　　　　　Beyond Collaboration Overload
>
> 　　出现工作进度变慢的情况，公司往往会追究个人的责任，但真正的罪魁祸首是失败的合作策略。公司里的管理人员不断晋升，公司却严重忽视了随之而来的强烈的合作需求。从没有人站在建立和维护合作关系的角度来指导管理人员如何对这些合作需求进行有效管理。

　　斯科特这一案例的深层原因之所以不够明朗，在于缺少有效的数据支撑。虽然这家公司的员工敬业度评分以及离职人数等数据很详细，但这些信息反映的只是症状，而不是病因。于是我们针对斯科特下辖的三大部门之一展开深入研究，将重点聚焦于部门员工的信息流动以及员工在决策过程中的互动情况。

　　之前我们已经参与到了产品上市计划中，因此我们率先与人力资源部开展合作，对公司前 10 000 名领导者进行了一次调研，并把重点放在斯科特下辖的其中一个部门的 1 800 人身上，向经理和员工提出"为了完成工作你要向谁获取信息"以及"你需要请示谁批准决策"之类的问题。我们利用这些数据来求证有多少人通过斯科特获取信息、员工向他获取信息的频次以及他们能否从斯科特那里获取有效信息。

一天 118 个合作需求

数据显示，仅我们调查的这一个部门，平均每天就有 118 名员工来找斯科特，他们的需求各式各样，大到涉及数百万美元的支出，小到低职位员工的招聘或者一小笔支出的审批。

从表面上看这个数字似乎不足为奇，却让我感到惊天动地——对，用"惊天动地"一词来形容再恰当不过了。作为参照，斯科特所管理的部门在理想状况下，每天来找他的员工加起来不应该超过 50 个人。可现在，如果把收集到的数字放大到其管辖的三大部门，他每天接待的员工人数已超过 350 人，是标准指标的 7 倍。

我们还问了员工一个很容易暴露出病因的问题："要想顺利地在工作中获得成果，你更需要与谁保持联系？"我们发现，经常来找斯科特的118 人中有 78 人反馈，他们需要获得斯科特更多的时间，否则无法完成自己的工作目标。

这又是一个惊天动地的数字。如果这一数字超过了一名领导者直接下属的 25%，就需要提高警惕了。领导者奔波于一场又一场会议中，却觉察不到自己正在大幅拖延整体工作进度。领导者筋疲力尽，员工却因无法如愿完成工作导致敬业度下降，人员流失率出现不可逆转的攀升。

我们看到斯科特真正面临的两方面境况：一方面，他强调自己从不囤积信息；另一方面，有数百名员工依赖他获取信息，甚至有许多人反馈自己经常找不到他。

我们应该如何调解这种矛盾的局面？

"乐于助人"造成的伤害

首先，我们来回顾一下管理思维的整体演变进程，会发现斯科特的管理方式具有明显的时代特征。他所在的公司在 20 世纪 70 年代只是银行里的一个部门，随着数字时代的来临，才逐渐形成了如今的规模。与互联网时代的许多公司一样，他的公司组织结构是矩阵式，许多事业部都拥有职能领导和区域领导两条汇报体系。

斯科特还是个读书爱好者，并且天生就是个善于交际的人，所以他十分拥护当下以透明和包容为优势的管理学理念。他不断与那些只会闭门造车而不重视社交互动的"技术宅"文化做斗争。

斯科特说："过去，新的领导者上任后都不会花时间约见员工，了解员工。"他认为这样会阻塞言路，员工不敢与领导交流想法，不敢说出自己的困扰。"如果领导者都这么做，即使再有天赋的领导者，也无法培养出真正的追随者。"斯科特说，"领导者必须与大家交流。"

于是，他制定了一项开放的工作方针，告诉员工无论有什么问题和困扰都可以去找他，有什么事情要讨论都可以让他参与。"我想鼓励大家积极与我交流，"他说，"我希望大家知道，现在的工作方式与过去不一样了。"

他试图用社交手段处理工作中的所有问题，通过外交策略和说服能力来影响结果。他每天马不停蹄地开会讨论，夜以继日地与员工互动交流，没日没夜地回复电子邮件。

他告诉我，有一天他极为忙碌，当晚他躺在床上，细数过去 16 小时里与他互动的人数，直到他数到 100 时，他停了下来，惊讶于自己与不同级别员工沟通的能力，这让他更加确信自己是仆人式领导的典范。尽管那天他很累，尽管那天晚上他和妻子发生了争吵，但他仍然对自己的工作成果感到十分满意。

这里我想强调一点，这些研究结果的出发点都是正面的。因为斯科特完全不是一个所谓的微观管理者或控制狂，更不是一个利己主义者，或善于权谋的人。他是真的喜欢与人交往，因为他能从助人的过程中获得一种使命感。因此他助人的意愿非常强大，他想让大家知道自己善于倾听，自己一直与大家同在，这样才能体现出自身的价值和敬业精神，也正是如此才逐渐形成他如今的领导风格。

他发自内心地喜欢这种被需要的感觉，他认为这是他的优势。然而，我们在与他交谈时发现，这种优势也是他一个明显的弱点，迫使他对每一个人的请求都做出回应，哪怕这些请求微不足道，甚至毫无意义。他不停地帮助别人，大家也发现可以毫不费力地得到他的帮助，于是类似的请求便如雨后春笋般不断涌现。

每天向他寻求帮助的人很多，每天让他分心的事情也很多。有研究表明，仅仅是低头看文字的动作被干扰一下，我们便需要大概 64 秒才能调整认知，重新回到之前的专注状态。如果干扰程度稍微大一点，我们可能需要 23 分钟甚至更长的时间才能回到之前的状态。斯科特的工作经常被干扰，这意味着他大部分工作时间都在不断地调整认知，重新回到他原本该做的工作中。

不想拒绝合作请求的怪异心理

很快我们又发现了一个问题：许多时候斯科特仿佛在有意制造他人需

要自己的机会，而他也极其擅长这一点。他认为自己的工作就是帮助他人，否则就是不务正业，于是他用很多方法参与到每件事的每个步骤中，甚至连他自己都没有意识到这一点。他鼓励员工在电子邮件中讨论项目时抄送给他，方便他随时留意项目的进展，以便在出现问题或争执时加入讨论。他认为自己这样做是在给予他人支持。

有一次，他在浏览电子邮件时发现了一项有关改进预付卡支付软件项目的讨论。他并不直接负责预付卡业务，但他对这个话题很感兴趣，对这方面业务也略有了解，因为他在职业生涯的早期曾参与过预付卡业务。

一开始，他并未对具体细节发表评论。"非常有趣的讨论，"他在邮件中写道，"请随时告知我最新进展！"但是当他看到同事在谈论外包软件解决方案时，便按捺不住发言了，他认为这件事完全没有必要外包。"一个拥有出色模板库的模型驱动架构就足以解决问题，"他在邮件中回复，"这样就可以创建一个可高度定制的处理平台。"他的介入改变了讨论的进程，有几位参与讨论的员工对他的指导表示感谢。

此类行为让员工逐渐习惯于依赖斯科特的帮助。大家都知道，无论是否主动请求他的帮助，他都会参与每一场重要讨论。

深度理解合作　　　　　　　　Beyond Collaboration Overload

引用研究员马克·博利诺（Mark C. Bolino）和威廉·特恩利（William H. Turnley）的说法，有意制造他人需要自己的机会这种做法是"公民行为升级"（Escalating

Citizenship）。这种做法会让领导者自食其果：越积极地参与到项目中去，他的作用看起来就越重要，他参与的讨论就越多，他在寻常决策中承担的责任就越大。员工不断寻求他的认可，不断有会议通知从他的工作日历中弹出来，邮件越收越多，涉及的问题却越来越小。

但他的话总是正确吗？他真的有过人的理解力吗？

通过与他的团队成员交谈，我发现斯科特的很多想法都是不成熟或半生不熟的。然而，因为他是斯科特，大家不能忽视他的意见。团队最终面临双重压力：如何处理外包问题以及如何应对斯科特。斯科特不仅没帮上什么忙，反而不断增加自己和团队的工作量。

但斯科特从未将自己的行为与那些凭空增加的合作工作量联系到一起。

被滥用的公共"资源"

斯科特身上发生的事你应该并不感到陌生，你可能在其他场合也听说过这种现象。1833 年，牛津大学的威廉·福斯特·劳埃德（William Forster Lloyd）教授曾在一场人口过剩相关主题的讲座中描述过这种现象，当时英国人口数量急剧增长，已经成为全社会面临的一个紧迫问题。

在谈到资源问题时，劳埃德引用了加勒特·哈丁（Garrett Hardin）提出的"公地悲剧"（The Tragedy of The Commons），他指出，虽然"没有一位精明的牧民"会在私人牧场圈养超过自家草场承载能力的牛羊，但若是在公共的放牧区，比如公共草场，牧民就会换一种思维方式，他会希望在公共草场上放牧更多自家的牛羊，因为他知道牛羊可不会客气，它们只会把公共草场吃干抹净。"如果一个牧民在公共草场上增加了牛羊数量，它们消耗食物所带来的草场耗损由所有牛羊共同承担，但其中只有一小部分责任由自家牛羊承担。"劳埃德说。如果其他牧民也这样做，公共草场就会被过度放牧，整片牧区都会因此受损。

"公地悲剧"理论直到今天仍然适用。你可能听过这个词被用于商业捕捞或环境污染的话题，或者当复印机坏了、会议室订满了的时候，你也可能从同事嘟囔的嘴里听过这个词。但你想过没有，这个概念同样适用于员工和领导者。

斯科特就是一个被滥用的"公共资源"。大家并没有合理地"使用"他，每个人都不假思索地对他提出请求，把他的能力和精力用到了错误的地方。他作为一项"公共资源"已经背负了沉重的负担。他的生活受到他人需求的摆布，不管从公司层面还是从个人角度上来看，这都是很糟糕的情况。

过度合作让员工不堪重负

在公司层面上，斯科特过度参与细枝末节的事项带来了两个问题。

一是他拖延了决策过程。例如虽然有些人感谢他参与了有关预付卡的

别让合作压垮你
Beyond Collaboration Overload

讨论，但他的介入还是令这场讨论陷入了混乱。讨论的发起人说这是个次要问题，可以稍后再作处理，试图把主题拉回正轨，却无法阻止节奏被打乱，一场讨论变得分崩离析。

二是斯科特剥夺了员工成长中的挑战机会，限制了他们的自由，而这是实现个人成长目标、形成敬业精神的关键。斯科特不喜欢微观管理，他也不愿以微观管理的方式自上而下施加压力。但是，斯科特帮助他人的积极意愿以及员工对这一意愿的积极响应，恰恰限制了员工的发展，而这正是我们得出的始料未及的重要结论。

只要去找斯科特，所有问题都能迎刃而解，那么员工便无须再努力独自提出创造性解决方案，他们很少有机会展示自身能力。员工觉得无法在公司取得进步，工作于他们而言便不再令人兴奋。而斯科特对自己已然成了员工升迁路线上的巨大阻碍一事全然不知。

这样一来，我们就明白了为什么斯科特部门的员工敬业度分值在下降，不满情绪在滋长。在这样的领导者手下工作，员工往往会产生强烈的挫败感。

过度合作挤占个人自由时间

职场上这种慢动作般的，缓慢却无法停止的崩溃让人痛心，更让人痛心的是看到斯科特的家庭生活也经历着类似的痛苦。

斯科特身心俱疲、憔悴不堪。斯科特在美国明尼苏达州湖区出生、长大，幼时的生活如田园诗般惬意自在。他在高中时热爱运动，闲暇时喜欢与朋友徒步旅行。但自从他参加了工作，每日的通勤、加班以及不断地出差，让他根本无暇运动。为了保持运动习惯，他加入了一支篮球队，但训练中脚踝扭伤严重，病痛折磨了他数年之久，根本无法再上场打球。离开球场越久，他的身体越僵硬，状态也越来越糟糕，最后也不与队友联系了。这对他的身体健康以及社交关系都产生了重创。

结婚生子之前，社团活动曾是他成长过程的重要组成部分，后来也逐渐退出他的生活。"我失去了曾经热爱的所有社团活动和兴趣爱好。"他说。

然后，他和妻子做了个决定：他们在一个更好的学区买了一所房子。这样一来，斯科特乘火车去上班的路程更长了。虽然在我看来这样的决定属于"步子迈得太大"，但在他看来，此举并非出于虚荣或者贪婪，恰恰是一个负责任的父亲理所当然的决定。"我一直认为自己应该做出各种各样的牺牲，就对自己说，'我这么做是为了照顾家人'，就跟之前所做的其他事情一样，我觉得只要足够努力，一切都会越来越好，"斯科特说，"但我突然发现自己已经疲惫不堪，我下班太晚，睡眠严重不足，只能第二天在火车上打瞌睡。"

斯科特努力抖擞精神，应付着工作和生活中不断涌现的需求，但是他的身体已经被掏空，即使强打精神也于事无补。他严重缺少时间，无法充分休息。他甚至抽不出来一分钟规划自己的长期职业发展目标，更没时间制定战略去实现那些目标。

由于上述种种压力，他不得不服用降压药，还患上了糖尿病。妻子对他如此专注于工作极其不满，所以家里也不再安宁温馨。直到有一天，妻子觉得两人的婚姻濒临崩溃，对他提出分居的想法，这令他大吃一惊。

别让合作压垮你
Beyond Collaboration Overload

显而易见，来自各方面的压力让他愈发应接不暇。斯科特也曾纠结是否应该放下一切，辞职了事。可辞职虽然可以解除他的工作压力，却必定会引发家庭经济危机，还会给公司带来沉重打击，而他丰富的专业知识和在业界深厚的人脉也会被浪费。

斯科特的"症状"便是过度合作。那么，有什么治疗手段吗？斯科特清楚地知道，自己的生活已经失衡，他试图利用现有的时间管理方法来解决问题，却根本无济于事，因为那些有关时间管理的建议大多假定管理者都是独立工作的，就好像他们没有同事，没有家人。但我们并非社会中单一的原子，不是孤立运行的。

深度理解合作   Beyond Collaboration Overload

我们所处的工作环境错综复杂，对合作的要求很高；我们身陷错综复杂的合作关系之中，这对工作以及人际间的合作效率和深度都提出了前所未有的要求。对于一些研究对象而言，压垮他们的并非一两件大事，而是生活中来自四面八方的无数次伤害。

因为过度合作，我们无法从千头万绪的事务中厘清、开展那些对实现自身追求更为重要的人际互动，但恰恰只有这样的合作互动才能提高自身能力，令自己更加出类拔萃，进而发挥自己职业生涯应有的价值。这是个在很多领导者身上普遍存在的问题。

我采访过数百名职场中的领导者，依照各种外部标准，他们都属于

"成功人士"，但不论男女，高达90%的受访者都称自己在工作中有过数年过度合作的经历。他们每周工作长达80个小时，并且认为这种疯狂的工作状态合情合理。突然有一天，就像斯科特那样，他们惊觉自己正经历回音室效应①，他们一直听到同样的声音，不断以极限速度重复着工作，为了获得财务上的回报，为了过上貌似触手可及的美好生活。没有人告诉你人生还有不同的活法，你也无暇去思考真正有价值的事情是什么。直到你在某个瞬间突然醒悟，意识到自己的人生已不由自己掌控，当下的很大一部分生活根本毫无意义。

斯科特最终找到了一种干预手段来治愈过度合作，这种干预手段改变了令他无法脱身的思想观念、工作体系以及行为习惯。他因此找回一些时间，并更为明智地将这些时间投入更有利于自身职业发展和个人生活的精要合作中，从而成长为一名真正的领导者。

在接下来的内容中，我将详细解释应对过度合作的方法，通过提供互动练习和总结性方法，帮助你专注于可以立即采取的一两个行动。在一些章节的末尾，我还会提供一两个可以立刻实施的解决方案。在第4章中，我们将回到斯科特的故事，看看他应用这些方法的成果。

目前，斯科特迫切需要解决因过度合作引发的问题，过度合作给他带来的负面影响与日俱增，因他而搁置的事务越积越多，引起的问题也愈发严重，他自身的状态也极其糟糕。

可惜，同大多数处于强弩之末的人一样，他自己完全没有意识到这一点。

---

① 指在一个相对封闭的环境中，一些意见相近的声音不断重复，并以夸张或其他扭曲形式重复，令处于封闭环境中的大多数人认为这些扭曲的故事就是事实的全部。——编者注

对过度合作的热爱是一种病

斯科特的情况还有一点值得注意，这种现象到处都存在，我在任何公司，甚至在我自己身上都能看到：像斯科特一样的人，真的很喜欢被逼到极限，很喜欢过度合作。

我们从来不认为过度合作是个问题，直到发现自己已深陷其中，无处可逃。这就是过度合作的可怕之处：它让人在不知不觉中沦陷。我们讨厌自己工作量不饱和，当没有足够的事情填满自己的时间，我们就会开始焦虑：我这是在干吗？为什么别人不再需要我了？如果整天都没人来找我，我还有什么价值？别人看到我现在很悠闲了吗，他们会不会因此看不起我？

然而让我们陷入忙碌不堪的生活状态的推手并不是对无所事事的恐惧，回首自己的职业生涯，那些被迫进入极限状态的阶段，恰恰是自己职业生涯中最志得意满的时期。

把所有脑力、精力都用于合作性事务上，会让人产生自我感觉良好的错觉。你觉得自己在做贡献，被他人需要、欣赏，于是你做起事来麻利、高效，也愈发精力充沛、热情洋溢。

受你影响，你周围的人也变得活力四射。他们欣赏你精通业务，这又进一步激发了你的积极性。对于你提供的帮助，他们不吝向你表达感激之情，奉承你聪明能干，他们让你觉得，大家盼望着你一直这样，你也希望自己以后每一天都是别人崇拜的对象。

你无暇顾及工作以外那些令你尴尬、不舒服的事情，你甚至没时间因为无暇顾及那些事情而感到不安。你要处理的工作包罗万象、千头万绪，其他事情必须统统让路，于是你不由自主地陷入上述貌似踏实，实则躁乱的虚假状态。

我承认，连我也不能免俗，即使明白个中风险，我的内心依然充满对成功的渴望，所以只要工作日程上出现一丁点空闲时间，哪怕只有 10 分钟，我也要马上找事情来填满空档，不管自己能否在短时间内完成。

深度理解合作　　　　　　　　　　Beyond Collaboration Overload

虽然知识型工作环境下对合作的需求比以往任何时期都大，但问题的根源大多在于自身。在潜意识中，我们并非真的想闲下来。超负荷的工作状态是我们自己造就的，无法中途放弃，斯科特一类的个人，则完全意识不到过度合作令他们错失了什么样的机会。

为了帮助你摆脱过度合作，开展精要合作，首要任务是要明确摆脱过度合作的必要性和主动性，即使每周抽出一天时间投入到精要合作中，也会给你带来丰厚的回报，而这远远大于过度合作带给你的满足感。

我将向你介绍并展示一些创新方案及其成果，在下一章中你会看到，一旦从过度合作中解脱出来，你的眼前将呈现出一个充满机遇的全新世界。

1. 把所有脑力、精力都用于合作性事务上，会让人产生自我感觉良好的错觉。

2. 你要处理的工作包罗万象、千头万绪，其他事情只能统统让路，你不自觉地陷入上述貌似踏实，实则躁乱的虚假状态。

3. 在潜意识中，我们并不是真的想闲下来。超负荷的工作状态是我们自己制造的，你并不想就此罢手。

Beyond Collaboration Overload

Beyond
Collaboration
Overload

第 2 章

我们为什么需要精要合作

精要合作不是一劳永逸的，而
是成功人士每天、每周、每月
都在进行的不断循环的过程。

你有没有复盘过，有哪些事情由于过度合作受到了阻碍，导致工作无法顺利开展？如果你认真复盘就会发现，那些受到阻碍的事恰恰是有利于你提升创新能力，提高工作效率的事情。

要想获得个人业绩，取得事业上的成功，往往需要同时进行以下两件事：一是在项目初期阶段便广泛接触合作关系，寻求帮助，因为工作一旦进入白热化阶段，在我们最忙碌，思路最模糊不清的时候，必然需要他人帮助；二是我们要激发他人的热情，吸引别人参与我们的工作，接受我们的想法。我们会在第 7 章中谈到，获得优秀业绩最重要的先决条件便是激发他人能量，激励他人参与到工作之中。

可一旦我们陷入过度合作，一些行动便无法开展。就像前文所说：在解决问题的初期阶段我们就要广泛接触合作关系，并成为一个赋能者。而过度合作却像一条巨蟒死死地缠住了我们，令我们无法创新，无法高效工作，无法通过合作关系扩大事业规模。

但是，也有大约 10% 的受访者向我展示了他们与其他同事截然不同的工作和生活方式。他们更强调自己的意愿，不太关注社会和职场定义的成功。他们投入时间与精力建立和维护合作关系，他们拥有与众不同的工作和生活方式，使他们敢于采取行动另辟蹊径，并从新的生活方式中获得更多满足感、价值感，增强对环境的适应力，这无疑会给他们自己、家人、朋友以及所在的组织都带来巨大好处。

时间究竟应该花在什么地方

如果你的事业正处于上升期，你一定自我感觉不错，不太在意思维方式或行为习惯上有什么改善的空间。请允许我向你介绍一个人，她是我上文提到过的 10% 超级合作者中的一员，我们来看看她的工作和生活，你可以作为参照。

她的名字叫安雅。我们初相识时，她已在一家全球性的公司工作了两年，从事的是与变革和创新相关的工作。她来自荷兰，曾在荷兰与人合伙创办了一家公司，公司出售后，她来到现在这家公司，加入一个研究以技术手段推动员工合作的团队。

对安雅而言一切都是全新的：新工作、新公司，甚至是新的国家。安雅一开始便知道，她必须快速在公司内部建立起自己的人际关系网络。她很快找出一些见多识广、愿意为她提供帮助的人，不仅有同部门的伙伴，也有公司其他领域的同仁。

她发现公司错失了很多创新和创收的机会，原因是业务咨询职能部门和面向客户的技术支持部门之间欠缺合作，沟通不畅，比如，工程师解决了客户的某个技术问题，而解决方案却无法通过简单的方式共享给公司其他部门广泛应用。大量可以创造价值的知识资本，被锁在各个部门内部。

安雅还发现，问题层出不穷并且积习已久，没有人试图解决这个问题，这已成为人们习以为常的事实。而安雅却将其视为一个机会，她想改善这种状况，甚至想更进一步，把多部门合作产生的优秀方案和经验进行整合、打包，然后销售给客户。

其实安雅的本职工作已经很忙碌了，但她没有选择斯科特的工作方式，不去竭尽全力让自己成为团队中不可或缺的帮手，也不试图成为每一项决策的关键人物。因此，她没有过度陷入合作型事务，有时间与同事进行平等的交流，说服他们以全新的思路去解决信息抓取的问题。这个非正式小团体最初只在午餐时进行交流，后来他们开始定期开会，进行更为正式的讨论。大家提出或许可以用人工智能解决这一问题，但这需要专业知识，超出了小团体的能力范围，于是安雅说：

> 公司鼓励远程工作，我也喜欢远程工作，我的很多项目都是远程完成的。但是，孤立地开发出来，不与其他团队交流的项目往往会遭遇失败。我的经验是花时间与公司其他对我们有帮助的人和团队建立起联系，这要求我们扩大人际接触面，真正去了解他人。
>
> 为了落实这一想法，我需要在公司内部建立并用好人脉关系。一开始我约人喝咖啡、吃饭，与他们成为朋友。但是有时我们身处不同的城市，接触其他部门同事的机会较小，我们与其他团队没什么业务上的交集，像是个孤立的小岛。
>
> 所以当我看到公司即将召开一个内部会议时，我立即决定参加，这是一次非常宝贵的机会，我可以去见一些对项目有帮助的

人，获得交流机会。虽然我们并没有很多预算专门用来出差，但我还是坚持参会。

精要合作和公司的生死密切相关

最终安雅申请到了参加这次会议的差旅费。她的英语不太好，但她巧妙地利用了这一缺点，因为她发现如果自己表现出不理解某个话题的细微之处，或者拜托他人向自己解释某些专业术语时，人们往往很愿意同她聊天。

"我认识了很多人，和他们共进晚餐，就这样，我结识了很多新朋友，"她说，"另外我还了解到别人在做什么项目，表达出我可以帮助他们的意愿。"她的热心又给她创造了更多与他人进一步合作的机会："他们也回过头来帮助我，这对我的项目大有裨益，我的项目最终实现了产品化，我积累的人脉资源起到了非常积极的推动作用。"

"这款产品得以推出的最主要原因是我参加了那次会议，否则我的想法根本无法实现。建立一张有效的人脉关系网对我的帮助实在太大了，那次会议为我们创造了机会。"她补充道。

深度理解合作　　　　　　　　Beyond Collaboration Overload

安雅并不拥有真正的管理权力，却能发挥出个人影响力，这是一项非常厉害的能力。这与她善于激发他人的能

量，能够迅速与具有影响力的人建立起基本信任的能力密切相关。她创造了两种形式的信任关系，经过我们几十年的研究表明，这两种信任关系对取得成功起到了至关重要的影响。一是通过社交建立起"基于友善的信任"，或者说因为关心他人利益而赢得信任；二是深入探讨关于技术的话题，建立起"基于能力的信任"。"这让对方对我的能力很有信心，他知道我不是在夸夸其谈。"她说。

安雅能够从日理万机的日常事务中跳脱出来，投入时间认真思考如何解决一项重大问题。这正是很多成功人士具备的普遍能力：**即使在最紧要关头也要静下心来，进行创造性的思考。**

一年后，由她开发的新技术项目在公司内部推出，她还为此建立了一套机制来"搜集反馈意见以完善并探索如何使用这一技术"，她介绍说："我们一直在与各个团队进行合作，向他们展示如何使用这项技术，鼓励大家进行各种尝试。"这个项目将于明年向客户推出。

这则故事所要阐述的核心是：精要合作并非锦上添花，而是雪中送炭，公司的发展方向甚至生死存亡都与之密切相关。

对安雅本人来说，精要合作带来的影响相当深远。首先她因此升了职，其次，她收获的无形价值对她的职业生涯意义更为重大。她因这个项目而名声大噪，一系列新项目找上门，这都是其他同事接触不到的机遇。她还意识到，随着自己在公司中名声和地位的提高，她工作起来愈发游刃有余，因为她可以真实地做自己，不用顾虑他人的眼光和态度了。

在与我合作的数百家公司中，很少有安雅这样的精要合作案例。如果我们向公司的领导者提问："为什么你们公司拿不出什么突破性的创新之举？"大多数公司最典型的回答是："我们当然不希望在那些让人分心的日常事务上投入过多精力，而是专心思考竞争环境的变化趋势，并提出应对措施。我们也希望有效地调动起员工的积极性，但我们现在实在太忙了……"

安雅十分清楚自己的哪些做法为项目带来了哪些价值。她觉得自己的真诚极其关键，这是最能激发他人能量的因素。她相信自己"透明、公开、真实，不戴高端的假面具"。她从不吝自嘲，也不怕一些傻问题会暴露自己的无知。她很自然地与他人分享感受，祖露自己的脆弱："无法被感知的真诚，将会是扼杀创造力的巨大杀手……不能全心投入工作的人，是不会向别人伸出援手的，因为他们缺乏安全感，容易退缩。"

有效的合作，尤其是为了创新而开展的合作，需要建立在心态开放和真诚的基础上。在安雅的团队里，大家相处融洽，更无惧承担风险，没有人去遮掩自身的不足。她会毫不犹豫地向他人求助，也会毫不吝啬地为别人提供建议。"如果我们只会闭门造车，那么我们永远不会有什么伟大的创新……如果你总觉得自己很蠢，害怕说出自己的想法，长此以往，团队会形成一种既不求人，也不帮人的氛围。"

安雅的案例告诉我们，一旦参与到自己热爱的事情中去，我们就会每天精神抖擞地进入工作状态。同样重要的是，安雅知道自己何时应当从干扰她的合作事务中抽身出来，留出思考的时间和空间："如果我有一周不停地开会，我的大脑肯定冒不出思想的火花！"所以她给自己留出了大块时间不做任何具体工作，允许自己"只是花两小时喝喝咖啡，坐在屋顶露台上想想事情"。

安雅的思想和成就，你也可以拥有，你也可以成为她，为你的公司做出贡献。

深度理解合作　　　　　　　　　Beyond Collaboration Overload

　　如果在合作型事务中采取更为积极主动的态度，你将有非常丰厚的收获。但是，要想成为善于精要合作的人，你必须克服干扰因素——比如自我意识、被动习性、怠惰、戒备心以及内心的恐惧等等，这样才能在照顾好自己的同时，激发起创新反应机能，有效地调动他人的积极性。

精要合作让人重拾幸福感

安雅不仅事业成功，个人生活也很幸福，她身体健康，与朋友和家人的关系也令人满意。相比之下，斯科特则因过度合作，致使婚姻游走在破裂的边缘，自己的身体也越来越差。由此可见，能否获得幸福感，与能否进行精要合作密切相关。

在不知不觉中，过度合作不仅阻碍了你清晰、具有创造性地做出商业抉择，也阻碍了你享受幸福生活。这里所指的幸福感，不是当下稍纵即逝的愉悦，而是生活美好而充实的长久感受。如果你感受到了生活的幸福，说明你的人生理想与现实都朝着正确的方向在发展。

虽然现有的各种人类幸福感研究模型一致认同人际关系在其中的意义，却也仅此而已。至于良好的人际关系何以帮助人们保持身体康健、促进成长、培养面对困境的韧性和树立人生目标等，则没有任一模型能够描述。

我所采取的研究方法有所不同。在整个研究过程中，我深入探究了合作关系对于幸福感的驱动原因。我之所以这么做，是因为我知道一旦人们受困于过度合作，便无法轻而易举地说出"我需要建立合作关系"这样的话来，因为人们听不到自己内心的需求，更不会把这个需求放在心上。只有真正理解人际关系对于幸福感的驱动原因，人们才会接受这个需求。

以戴夫的故事为例。大学毕业后，戴夫先是供职于几家创业公司，后来入职一家世界知名公司，担任高级软件开发员一职。这是他职业生涯中的重要一步，这个职位让他兴奋，获得的报酬也水涨船高。"每年有一大笔年终奖金，再加上股票期权。"他说。不过，这份工作让他不得不离开家乡，那里曾是他和妻子、孩子们共同生活的地方，那里有他的家人、好友和各种社会关系。

工作很快占据了他的生活，他与亲朋好友都逐渐疏远了。"好像只在一夜之间，我再也无法教儿子练棒球，无法参加女儿的独奏会，也无法与好友和家人聚会了。"他说，"这并不是我想要的生活，我也不再是原来那个我了，其实我并不需要那么多钱，但钱摆在那，每个人都非常在意，我也无法忽视它。"

与戴夫类似的经历在我的采访中屡见不鲜。大家总是突然醒悟过来，才意识到自己真正想要的是什么。有一天早上，戴夫还在睡梦中，他妻子轻轻地推了推他的肩膀。"你现在马上起床，穿好衣服，"她说，"15 分钟后有一位人生教练来我们家。"

戴夫吃了一惊，这正是他妻子想要达到的效果。一位人生教练，还有一位牧师，与他们进行了一系列讨论，帮助戴夫夫妇重新梳理了生活的意义和重心，于是他开始恢复自己过去热衷的活动，重新与过去的亲朋好友建立了联系。

没过多久，戴夫从那家公司辞职，回到了自己热爱的家乡。他接受了一份世俗所谓的"低级"工作，但他却觉得收获了更多。他不后悔做这个决定："我经历了一段非常黑暗的时期，直到今天我仍觉得那是个奇怪的梦。我一直按自己的方式生活，有亲密的家人和朋友，我热爱自己的生活和工作，我既有丰厚的收入，又面对新的挑战。但后来我突然被新公司的风气干扰，被对金钱的无止境追求所吸引，一夜之间，我就陷入了困境。"

戴夫利用了他在高中时培养的技能和兴趣，指导儿子打棒球，他还加入了在他家附近的业余跑步团体，并重新回归到垒球队。他很快就恢复了体力和技能，结交到了新朋友。仅用这几步，他便马上让自己找回曾经最快乐的状态。

戴夫反思，为什么在许多人生关口，人际关系会那么重要。"是源自人与人之间的责任感。"他说，"举个例子，如果我没有陪儿子练习棒球，那么我儿子、棒球队以及其他队员的父母们都会失望。除了责任感以外，通过与不同状态的人进行交流，我能了解他们的生活，开阔我的眼界，让我明白生活中什么最重要，这些吸引着我走出了限制自己的小圈子。"

绝大多数人都是通过社交活动重塑自我的，也就是说，我们不能单打独斗，应借助团队的力量。

人的理想状态是在工作以外持续与两三个团体保持联系。比如，加入一个跑步俱乐部，而不是独自在跑步机上跑步；也可以成立健康工作餐小团体，相互监督；或是加入一个读书俱乐部，关注知识层面的追求等等。

无论你采用何种方式丰富生活维度，都需要与他人交流互动，这是精要合作给人带来幸福感的关键。

戴夫的见解很重要，却容易被人忽视。迫切地丰富生活维度的人其实不仅是为了摆脱某种不良生活习惯，更是希望借助于人际交往改变自己。建立丰富的合作关系，接触志同道合的人，比如关注健康、喜欢音乐、认同某种观点或者对知识的追求。因为大家有不同的生活背景，所以当大家面对"人生中什么最重要"这样的话题时，你可以接触到全然不同的价值观和思维方式。

这些时时出现在你生活中的人际交往，最终会让你变得柔软而包容，与之前的工作状态中的你完全不同。同时你会发现，其他人在你面前也一样变得柔软而包容。这样的人际关系就是精要合作的必要条件。

现在想想前言所述，精要合作不仅需要广泛地接触合作，成为积极的赋能者，还需要有针对性地参加一些修养身心的合作活动，追求更健康的精神与体魄。

工作之外的兴趣小组给人带来的多维度生活，会从多个层面给事业发展带来积极影响。

首先，你会受益于在兴趣小组中收获的观点，帮助你换个角度来思考那些棘手的人事或公司管理问题；其次，积极参与业余活动的人往往身体更健康，工作精力也比其他人更充沛；最后，生活维度丰富的人往往不会受困于某个组织中存在的琐碎事务。他们更容易投入工作，很少感受到压力。哪怕应对长时间的单调工作，他们也鲜少出现工作消极、敷衍塞责、心不在焉的状态。最终，你会成为大家自愿追随，乐于共事的人。

一位消费品领域的主管告诉我，有一年她体检后，医生给她开了降压药，说她已经超过了肥胖体重的阈值，于是她决定用行动做出改变。她掸掉了因工作繁忙而闲置了25年的单车上的灰尘。"第一次恢复骑行简直像是在炼狱经历了一遭。"她笑道，"我只骑了很短的距离，第二天我身上每个部位都疼得要命，一步也动不了。"

第二天上午，她与一位同事闲聊，说骑行后浑身疼痛，苦不堪言。恰巧这位同事与一位朋友正打算健身，于是他们三人决定一起骑行。他们从最初的每周两次晨练增加到周末一次加练。他们合理地设定了节奏和距离目标，并一点点地进步。

再后来，他们又一起加入一个单车俱乐部，俱乐部的骑行强度很大，但即使强度变大，冬天寒冷，他们依然借助于网络平台坚持一起骑行："我们一起上骑行课，一边骑车，一边发发牢骚、开开玩笑，哪怕只有我一个人在地下室里挥汗如雨，却仍然感觉跟大家很近，甚至比一起线下骑行时更近些。虽然我们都看不到风景，但因为不用注重骑行时的队形，聊天机会反而更多了。"

第二年她参加了一项慈善骑行活动，首次完成了百英里^①骑行，并随一群新朋友进入更加高难度的骑行运动中。我采访她时，她说，骑行运动和这个骑行团队已经成为她的人生以及生活的重要组成部分，她甚至还带动了爱人和一些新朋友一起参加纯骑行的度假之旅。

"这个团队彻底改变了我的生活。"她说，"即使是在室内独立训练，我也会想象自己与他们在一起骑行，我们在比较训练记录。骑行是一项与众不同的运动，需要有一个人在一行人前面做引领。所以谁来领头真的很重要，有时候我觉得自己体力更好，便为大家领头；有时候别人体力更好，就把我替换下来。如果我体力不支，撑不下去，队友都能看到。他们坚持不住了，我也能看到。我们之间的这种默契是骑行团队中的灵魂，也是我坚持下去的动力。"

深度理解合作　　　　　Beyond Collaboration Overload

　　作为精要合作的关键部分，人际交往并不非得是体育活动，你可以用许多不同的方式来丰富生活维度。但无论是何种形式，这些人际交往都能改变你，提高你的效能，开拓你的视野，通过这些交往活动，你更能觉察并守护自己的初心，坚持去做自己认为重要的事情。

一位经理人对我说："我接触到各种各样的人和事，比如，我加入了一个社区小团体，我过着与孩子朋友的父母很不一样的生活，我还参加了

---

① 1 英里≈1.6 千米——编者注

一个由 50 岁以上人员组成的足球俱乐部……在我的周围有那么多迥然不同的人和事，在与不同人群交往的过程中，我不断认清自己，让我明白自己想成为怎样的人、不想成为怎样的人。"

戴夫一家一起参加了一次旅行，这是一次非常正能量的经历，甚至改变了他的生活。但他的事业完全没有因为请假去旅行而受到影响，戴夫说："这种感觉太棒了，你一旦明白生活中什么最重要，并且坚持到底，就完全可以让工作来适应你的个人生活。"

戴夫的故事还告诉我们，**合作关系影响的不仅仅是你个人，你会发现假如你因为繁忙的工作而影响了心情，情绪起伏不定，你周围的人也能感受到，他们会远离你，拒你于千里之外；但如果你打破回音室效应，亲朋好友看到你对他们更热情、更感兴趣，他们也会更乐于对你敞开心扉。**

当他们向你发出的邀约不再经常被拒绝，便会继续邀请你参加他们的活动；朋友们发现你这个新伙伴很出色，就会更愿意与你在一起。

那些脱离了过度合作束缚的受访者谈到此处，都会惊讶于自己的人际关系可以变得如此丰富多彩。而在此之前，他们完全没有想过人际交往还有那么多好处，这些好处多年来因为自己深陷过度合作而被忽略。

但这并不是说我们每个人都能很快打通人际交往与幸福感之间的通路，相反，有时我们甚至无法发现两者的关联。

很多人从来没有意识到建立人际关系能给他带来什么机会，也没有意识到有些机会已被过度合作掩埋。

他们会说，我的生活里只有工作，再无其他。他们一边哀叹工作辛苦，一边不愿做出改变。

他们采取这样的态度，是一种自我保护机制，毕竟这是自己选择的生活方式。但是我相信，他们根本不知道还有其他选项，也从未想过掉转方向，勇敢地去探索生活的新维度。

成功的合作是一种无限循环

总有记者向我追问，能不能告诉他们一条准则去解决过度合作问题。但是要想实现高效合作，根本不存在单一的最佳路径。

相反，我认为成功的合作是一种无限循环，如图 2-1 所示。

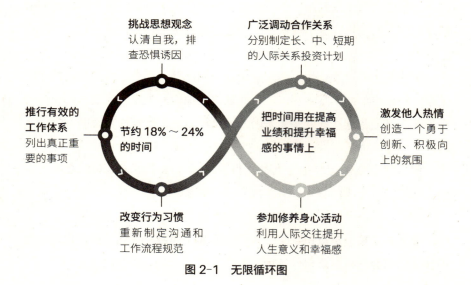

图 2-1　无限循环图

别让合作压垮你
Beyond Collaboration Overload

首先你要做出一个关键决策，那就是变被动为主动。如图 2-1 左边所示，你需要用 3 种方式应对过度合作：

- **挑战思想观念**，对自己以及自己的角色提出疑问；
- **推行有效的工作体系**，保护自己免受不必要的合作需求影响；
- **改变行为习惯**，提高合作型事务的效率。

不断通过以上 3 种方式实施一些小行动，日积月累，你就会省下 18% ～ 24% 的时间。

你的目标是找到最适合自己的一些方法。从第 3 章至第 5 章，我将一一介绍这 3 种方式中的一两种技巧，以及如何运用这些方法。

学会了这些，你就可以将重新找回的时间花在那些能提升你的整体业绩，还能让你获得幸福感的事情上。这里也有 3 个方法：

- **广泛调动合作关系**，以实现创新，并提升扩大工作影响范围的能力；
- **激发他人热情**，发现人脉网络中的机会并吸引优秀人才；
- **参加修养身心活动**，通过人际交往获得更健康的精神与体魄。

最终，在这条无限循环的道路上产生的是更出色的业绩、更有影响力的声望，进而推动你参与到更高阶的合作事务中，又进一步提升你的工作业绩和幸福感。我将在第 6 章至第 8 章中具体讨论图 2-1 右边的内容。

通过图 2-1，你可以看到，这个循环的左右两部分相辅相成。如果你的工作效率更高，便能更好地利用合作关系来提高业绩和生活幸福感；而如果你从事的工作内涵更丰富，工作表现与他人不同，也就更善于应对过度合作问题。

同时，你也应该意识到，这个循环是动态的：精要合作不是一劳永逸的，而是成功人士们每天、每周、每月都在进行的不断循环的过程。形成这样的良性循环需要时间和自律精神。但只有付出才能换来回报，如果你自己不采取行动做出改变，又有谁能帮你走出困境呢？

大多数公司不会投入时间和精力，也不知该如何去帮助员工减少工作时间，解决过度合作问题。所有人在谈到合作时，焦点总是"加强沟通，加强合作"。

尽管在如今的职场中，大家的合作密度越来越大，导致工作压力空前增大，可是这么多年来，我从未听说哪家公司设立过"首席过度合作官"这样的职位。

所以我们得靠自己解决这个问题。但这个难题并非无法攻克，一旦找到合适的方法，你定会觉得受益匪浅。我们一起来看看该怎么做。

精要合作
Tips

1. 要想成为善于精要合作的人，你必须克服那些让你
    专注于日常干扰的因素，比如自我意识、被动习

别让合作压垮你
Beyond Collaboration Overload

性、怠惰、戒备心以及内心的恐惧。

2. 开展精要合作，人们不仅需要广泛地开发合作关
   系，也需要成为积极的赋能者，还需要有针对性地
   参加一些修养身心的合作活动，追求更健康的身体
   与精神。

3. 作为精要合作的关键部分，人际交往并不一定非得
   是体育活动，人们可用许多不同的方式来扩宽生活
   的维度。

Beyond
Collaboration
Overload

第二部分

精要合作的 3 种有效方法

Beyond
Collaboration
Overload

第 3 章

方法 1，
摆脱诱因，重新认知自己的角色

以"今日事今日毕"为目的完成任务的行为，其结果往往是事倍功半，反而增加了其他人的工作量。

假设现在你是我的采访对象。大家一致认为你与他人合作时效率很高，从公司的 ONA 数据上可以看出，你为他人创造了很高的价值，而你花费的时间却相对较少。于是大家推荐你来接受我 90 分钟的采访，让我这个古怪老学究来了解一下你是如何做到这些的。

你可以想象一下，采访的前半段也很重要，却相对单调无趣。我们会聊到你是如何安排日常工作、分配时间的，你在开会或者与人沟通时与他人有什么差别，哪怕是非常细微的差别，或者谈谈你是如何影响他人与你进行高效合作的。总的来说，我们的谈话处于冷静、平和的状态，你一边回忆着自己工作时的与众不同之处，一边回答我的问题。

当采访进行了 45 分钟左右时，我们的气氛会有些变化。你越来越放松，也慢慢理解了话题的意义，我们的对话便有了一定的深度。你开始回忆起自己处在人生某个转折点时是如何做出抉择的，每到这时，你会像我以往众多的采访对象一样，语调变得热烈起来。

你开始有了积极的情绪，你或许会说："我的生活曾经非常不健康，我的朋友越来越少，也很少参加工作以外的活动，我与身边的人越来越疏远。"

听你说到这，我一般会很兴奋，期待能听到你展开谈一谈，有了这种糟糕的感悟后，你采取了哪些行动让人生回到正轨，比如登山、航海、学钢琴，或者参加了瑜伽课程等等。但是很遗憾，没有！我每一次都很失望，因为所有受访者能想到的改变方式都是不值一提的。

大家想到的无非是每周有一天准点下班，去接受私人健身教练的辅导；或者晚上6点到9点之间陪伴孩子，不去查看工作邮件；或者每天安排会议时规定数量上限；或者留出思考的时间复盘工作。可以肯定的是，诸如此类的想法都很好，却不是我们期待的、足以改变人生的重大举措。

另外还有一个令人惊讶的细节，这些成功人士一度非常担心自己采取这些行动后会产生不良后果，担心其他人会有什么反应。他们开始想象一系列的负面影响：同事愤怒、老板失望、下属不知所措、客户指责……但值得庆幸的是他们依然选择实施这些小行动，然后等着狂风暴雨的来临。

说到这里，很多人都会笑一笑，然后告诉我，其实根本没人注意到自己准点下班，也没人在意自己在晚上6点到9点之间看没看工作邮件。即使有同事注意到了，也都很快接受了你的这一变化，而根本没发现的那些同事更顺其自然地接受了你的新习惯。换句话说，工作和生活还在继续，这个世界并没有因此而垮掉。

在当今快节奏的工作生活中，人们不敢心存减少工作量的想法。大多数人从未动过这样的念头，而那些少数经常被这个想法折磨的人却很担心

别让合作压垮你
Beyond Collaboration Overload

后果，因而只敢做些成本最小的尝试。

人们的畏难情绪源自哪里？是同事间的竞争压力，还是老板差劲，或是客户要求过高？在采访中，那些最终成功改变自己生活方式的受访者对我说，**令我们陷入过度合作的原因并非"来自外部"，很大程度上其实来自我们的内心。**

人们过度合作的 9 大诱因

我们近 10 年的研究表明，大约 50% 的过度合作问题都是我们自己秉持的思想观念造成的。这里所说的"思想观念"，指的是那些影响着我们的公共形象，在我们的意识中根深蒂固，却往往未经证实的欲望、需求、感受、期望以及恐惧心理。这些思想观念，我往往称之为"激励因素"，或更通俗来讲是"诱导因素"，因为这些思想观念带来的感受能够激励或触发人们参与合作，产生为他人提供协助的意愿和举动，而这些意愿和举动往往与我们的自身利益无关，很可能并不符合组织的利益。

回想一下你最近的经历，有没有人要求你去做某件你本不愿做的事。对方要求你做这件事，并非是你能为这项工作增加特别的价值，这件事也不会对你的职业发展有什么帮助，你身上的每一根汗毛都高喊着"拒绝"。但是就在那一瞬间，你脑子里冒出无数条理由让你说"好"。几周后，你一边做着这份无聊的工作，一边抱怨自己为什么总是那么忙，没能过上自己想要的生活。

我们见过无数的经理人，他们给我们讲述了自己是如何陷入超负荷工作的困境的。那些诱导因素很难一一列举，毕竟能够诱发人们进入过度合作的欲望、需求、期望、感受以及恐惧心理等具体原因数不胜数，所以这里我只谈最常见的九大诱因。这些诱因分为两大类型：一类与自我身份和个人形象有关，另一类与焦虑心态和控制欲有关。为了方便你统览所有诱因，本章末尾我将它们全部列出。相信总有一条与你有关，希望我的采访对象所用的解决方法能对你有所帮助。

与身份个性及个人形象有关的诱因

我们先仔细看看几大与身份个性及个人形象有关的诱因。让人感到意外的是，这些诱因表面上看都是积极的品质，不像是能导致超负荷工作的消极因素，而正因如此，它们才最具迷惑性，让人不知不觉深陷其中。

乐于助人的精神

如果说乐于助人是过度合作的诱因，人们或许会觉得很意外，因为这是仆人型领导方式的一项核心原则，而仆人型领导方式是一种很成熟的管理方法。**乐于助人原本是积极的，但在实际工作中可能带来消极影响。**我们在第 1 章中介绍过的斯科特是仆人型领导的最佳代表，他总是帮助他人，包括他的直接下属、同事、老板。但正如我们看到的，他对讨论和决策的慷慨帮助与贡献，最终增加了自己和他人的工作量。

自我成就和满足感

这一大诱因也是一种正向的、有建设性的品质，是许多人取得成就的重要动力。但凡事过犹不及，它也能导致人们过多参与合作性工作，从而引起过度合作。一次小的成功会让人感觉良好，强化自我满足感，促进人

别让合作压垮你
Beyond Collaboration Overload

们分泌制造愉悦的多巴胺。"我得经常提醒自己，别再去管那些鸡毛蒜皮的小事了。"一位 CFO 告诉我，"处理那些小事让我感觉很好，可我也因此而逃避了一些棘手的大事，而这些大事才是我应该去解决的。"为了对抗这个诱因，这位领导者遇到每一个问题时都会问自己："我是唯一有能力解决这个问题的人吗？"如果答案是否定的，他便寻找其他人来完成这项工作，确保自己集中精力去处理更重要的事情。

| 如何摆脱过度合作 | Beyond Collaboration Overload |

授之以鱼，不如授之以渔

如何帮助他人，帮到什么程度。这在日常工作中很难判断，尤其是在介入具体工作事务，或是通过这件事展现你的个人形象时。这就导致很多领导者往往不由自主地提供过多直接的帮助，也正因为求助者在他们这里碰壁最少，于是越来越多的人都求助他们来完成工作。

- 帮助他人会占用你很多时间、精力，需要你提供自己的专业技能。你应当为其提供指导，培养他人的工作独立性，以减少他人对你的依赖。这种"教导"式的帮助，其实与你亲自动手帮助他人完成工作一样，既能让对方满意而归，也能适当地展现你的个人形象。
- 分清楚哪些事情自己应该参与，哪些不应该。
- 你可以为他人提供资源或帮助，但要让大家知道他们最终得靠自己解决问题。
- 指导他人该如何寻求你的帮助或意见。帮助其理清与你交谈的目的。比如在与对方交谈了约 5 分钟后，询问对方：
"为了咱们更有效地利用时间，你能不能告诉我，你希望
我帮你做些什么？"这样有助于保证对方与你谈话时专注
于目标。

- 帮助别人发现自身与他人在工作上的互补之处，创造一个
大家高效合作、互助共赢的氛围，并构建每个人对协同合
作的使命感。

深度理解合作　　　　　　　　　　Beyond Collaboration Overload

　　帮助他人的意愿以及自我满足的成就感，这两个激励
因素，会使自己和他人对合作工作产生期望的错觉，而
这些错觉会让你陷入过度合作的窘境，并很快超出你的掌
控。你不断介入他人的项目，也不断期待你的帮助对象做
出回应，这必然增加他们的工作量；与此同时，他们又会
过度依赖你以寻求持续的帮助，增加你的工作量。因为你
总要追求更多成就感，你对自己和他人都有了期待，你们
互相依赖，想要通过合作来解决所有问题，哪怕这会让你
们事倍功半。于是你们陷入恶性循环，合作工作的需求不
断加码、升级。

别让合作压垮你
Beyond Collaboration Overload

渴望获得影响力或被视为领域专家

作为领导，我们给自己的定位就是不断参加项目团队的讨论并提供自己的专业建议，哪怕自己的建议并不完全正确。下属知道我们会参与，便放慢工作进度，等我们介入后再根据建议调整工作方向。我们无意之间让工作都回到了自己的案头，因为前来征求建议的请求越来越多。

让我们看看斯特拉的经历。斯特拉做了 20 年人力资源方面的工作，如今在一家人力资源程序开发公司担任产品经理。她负责的产品是一种非常先进的"实用性工具"，鼓励领导者认可在工作中表现出色或在日常行为中体现公司价值观的同事，用户可以使用这个工具作为嘉奖员工的参考。

斯特拉非常喜欢这款产品，这也是吸引她加入这家公司的直接原因。在她看来，这个工具相当于实现了众包管理的功能。如果你的公司使用这个工具，你的同事就可以成为你的主管、你的顾问，甚至你的啦啦队。与之相比，斯特拉以前在一家运动服饰公司担任人力资源经理时所用的人力资源应用程序，落后得如同史前的文物了。

斯特拉现在管理着一支 50 人的团队，这个团队负责新产品的开发、产品使用意见的反馈与收集、市场营销策划、售后维护，还负责把产品推销给公司现有客户以及初创公司。

所有工作都进展得很顺利，但是公司另外一个部门的负责人突然跳槽去了竞争对手公司。公司管理层无法从原部门选出合适的继任者，于是公司请斯特拉暂时负责这个部门，"只是临时接管"，直到他们招到一位合适的部门负责人。

最初她想，自己不该接受这项任务，因为这既不利于自己的职业发展，也无益于提高工作效率，反而会影响本部门的工作。如果她能按照自己的第一反应做出回应，她本可以省去很多烦恼，但迟疑了一下后，希望获得认可的心理战胜了她的理智。

她开始想象自己轻轻松松、游刃有余地管理着一个自己并不熟悉的部门，那是多么令人激动的场景呀！仿佛她已经获得了成就感、满足感，她为自己成为庞大团队的管理者所获得的身份和地位而骄傲。

斯特拉没能清醒地判断局势，她的想法莽撞且被动，她受身份地位与自我价值的蛊惑，接受了这个职位。这个决定的积极影响确实符合她的预期，她稳住了部门混乱的局面，给员工带来了新的活力，她出色的表现也获得了一片赞誉与尊敬。

但是，她曾经的顾虑，也很快一一浮现。她每天都要到这个临时接管的部门维持秩序，还得不时出差去拜访这个部门的客户，她的本职工作因此受到了影响。她不得不硬挤出时间来赶上工作进度，这让她力不从心。帮她关注本部门团队动态的助理告诉她，大家都在抱怨她总是失联，部门领导的岗位形同虚设。

因为工作压力激增，斯特拉没有时间开展创造性的合作，也没时间参加有利于长远发展的人际交往活动。她没有时间关心家人，也没有空闲关注身体健康，她将体育锻炼和社团活动隔绝在生活之外。她用超负荷工作逐渐压垮了自己。

别让合作压垮你
Beyond Collaboration Overload

善于合作的领导者不会通过追求表面风光或谋求某种身份地位来获得成就感，从而实现自我价值；相反，他们的成就和价值体现在积极培养他人，使其发挥才能，从而获得领导者应有的尊重。

这一思想观念的转变非常重要，正因为很多精要合作者转变了观念，才能不被过度合作阻碍自身发展。用一位领导者的话说："与其我自己成长，不如带动员工成长。如果你能帮助、激励员工成长，员工就会带着你一起前进，大家一起走向成功……一开始我并不擅长做这方面工作，但现在我乐在其中。"

担心别人认为自己能力不够

担心别人认为自己能力不够这一大诱因让人无法拒绝别人的任何请求。你下意识地立刻答应，仿佛只有你从不拒绝他人的请求，大家才能知道你多能干，工作多积极。

在收到老板或同事的工作要求时，我们都不想表现出犹豫不定，让对方以为自己心生抱怨，因此我们别无他法，只能答应，结果导致我们参与了过多合作性事务，不堪其扰。

强调正确，而不是追求结果

过度追求细节，会在无意义的工作上浪费过多精力，我们需要花费大量时间准备会议、深入研究各种报告和数据，花很多心力撰写一封无懈可击的电子邮件。而这些精益求精的准备工作不仅没有必要，还会影响员工的积极性，无法给发展创新留出足够的余地。所以作为领导者，你不能一味强调正确，否则会制造出许多不必要的会议和邮件，浪费大家的时间。

如何摆脱过度合作　　　　　　　Beyond Collaboration Overload

你的选择不是非此即彼

面对他人的请求，你并非只有要么接受、要么拒绝两个选项，一旦你意识到这一点，一定会如释重负。如果你不想给出非此即彼的回答，你可以采取以下方法：

- 你接受了一个选项，便意味着要拒绝另一个选项，而另外一个选项可能更重要，比如追求长远的职业发展或人生目标。
- 针对对方的请求进一步提问，并澄清请求的内容。对方的请求可能没有你想象中复杂。另外，如果你适时提出一些引导性问题，或许能让对方重新考虑向你发出请求的必要性，这样可以节省你很多时间。画一个矩阵分析图，一个维度表示重要性，另一个维度表示工作量。如果对方的请求工作量大、重要性低，你可以询问对方是否还有其他方法来满足请求。

- 为求助的人提供一些选项。如果求助的人是位领导或客户，请他们告诉你工作的优先级，并且让其知晓你的工作状态，了解你的掌控能力，比如："您希望我按什么顺序完成这些工作？"通过沟通让对方知道你手头上有许多事务等待处理。
- 为工作成果设置好标准。如果对方期望的工作成果包含两个主要维度，如速度和质量，那么你可以告诉提出请求的人，两个维度只能取其一，你无法使两个维度都达到最高标准。"虽然这样说经常会引起争端，但只要你能提出来，事情总会得到妥善解决。"这是一位软件经理告诉我的。

与内心焦虑及掌控感有关的诱因

以下几大诱因来自于我们内心深处，是我们自己都无法觉察的焦虑。

害怕失控感

这一大诱因往往与人们认为只有自己最有能力做好这项工作的执念有关。如果你担心失去对一项任务的控制权，认为只有自己才有能力胜任这项工作，你自然不愿意假手他人，也意识不到要把周围的人组织起来，建立一个独立自主、积极进取的团队。所以你只能事必躬亲，然后你就会发现自己很快就力不从心了。

喜欢掌控感的人总会觉得自己掌握的信息不够充分，工作流程不够清晰，既定计划不够完善。对他们而言，最有效的工作方法是获取更多信息、建立更完善的流程、制定更完备的战略，他们执着于此，消耗他人大量时间。按照这类人的工作方式，一旦需要建立合作关系，需要大家共同决策的事项就会成倍增加，而这类领导者只会令局面愈发混乱，令工作不断陷入僵局。

"今日事今日毕"的心理需要

这种需要与控制欲有很大关系，正是出于这种心理，你才会在深夜还与人沟通，流连在电脑前处理一些零碎的小事，逼自己努力完成最后一个小任务，即使你已经筋疲力尽，毫无创造力。**以"今日事今日毕"为目的而强迫自己完成任务的行为，结果往往事倍功半，反而增加他人的工作量。**例如，你规定自己必须当天夜里完成团队任务分配计划，计划确实做出来了，却漏洞百出，给团队成员带来了不必要的工作量及压力，最终大家忍无可忍，怨声载道。

如何摆脱过度合作　　　　　　　　　　　Beyond Collaboration Overload

克服"今日事今日毕"的心理需要

在我谈起"今日事今日毕"的想法并无必要时，人们总是向我投来怀疑的目光，好像在说："这真的是工作量过大的重要原因吗？"答案是肯定的。许多条理性超强的人总是把事情安排得井井有条，滴水不漏，全然不顾付出多大代价，殊不知凡事有利亦有弊。你应该做到以下几点：

- 不要为了完成任务而完成任务，完成任务不应该是你的最终目的。

- 允许自己的收件箱杂乱无章，允许自己没有回复全部邮件，也允许自己不去参加所有会议。那些不重要的工作或请求，可以让它等着，或直接忽视它们。你不理会，也会有人自己想办法处理。一位领导者告诉我："过去，只要我的日程表上安排了会议，我一定会参加，因为我觉得每一个会议都很重要。后来我意识到，如果大家真的需要我，自然会来找我。我现在会拒绝约 30% 的会议邀请，没有我，他们的工作好像也做得不错。"

- 不要因为你自己有"今日事今日毕"的愿望，就强迫他人过早地提出解决方案。要重视不同观点带来的能量，对信息保持开放的态度可以让人快速进步。

无法接受含糊不清

项目开展进程中一旦出现意外情况，比如基本规则发生了改变，或者赞助商中途退出，这个诱因便冒出头来了。这里貌似存在一个悖论。接受不了含糊不清的人，会觉得这种局面影响工作效率。因此他们反而会认为是含糊不清的信息导致了这种局面，人们应当提前做好调查研究工作，审慎论证，一一推演，在行动之前先确定相关细节。

但他们没有搞明白的是，确定所有细节势必需要大家进行许多不必要的协调与沟通，增加了很多工作量。不仅是管理者，一线员工也要四处奔波，在充满不确定性的谜团中摸索，找出经得起推敲的事实依据来。

这些合作的努力大多付之东流，因为很少会有事情一直按照我们的想法推进，我们可能失败于经验不足，也可能失败于百密一疏，毕竟再完备的计划也会有缺陷。大家为了克服不确定性浪费了那么多时间与精力，最终却无功而返，这会使团队备受打击，士气低沉。

害怕错过

害怕自己错过好项目、好同事、好机会，这种心理是无法挣脱的干扰，时时刻刻纠缠着你，让你不得安宁，无法静下心来关注当下。诚然，事业上能否成功，取决于能否在职场上获得得心应手的技能和经验，因此许多人，尤其是那些刚开始向上攀爬的人，迫切地希望在简历上增添几条工作经验。一旦错过了掌握新技能的机会，他们会感到不安。"我是不是再也没机会学到这项技能了？""我是不是已经落后于人了？"人际间交往越频繁，社交媒体越发达，年轻人也就越容易相互比较。

出于这种害怕错过的心理，人们经常做出一些徒劳无功的选择，盲目地参与一些新的合作项目。早有心理学家的研究表明，人类极不善于发现自己的快乐所在，总是忽略进步时产生的负面影响，评估其付出的代价。也正因如此，我们终将发现自己做了太多工作，不仅让自己不堪重负，还偏离了自我发展方向和人生目标。

你并不是唯一能够对工作负责的人

这一切是如何发生的呢？既然我们这项研究的对象都是成功人士，他们当然应该知道令自己陷入困境的诱因为何，他们必然与之对抗过，他们深知后果不堪设想，因此决不会置之不理。

经过大量的采访调研，我发现即使人们对这些诱因了然于胸，工作压力依然会以两种截然不同的形态出现。有些人经历的是突然爆发，一下陷入困境；还有些人则是被工作压力缓慢地吞噬。回想一下你自己的经历，看看你的经历属于哪种情况。

当有重大的突发事件，合作需求必然激增，工作压力会突然爆发。比如，你刚刚晋升到领导岗位时，你会面临工作量激增，需求扑面而来的严峻局面，导致你手足无措。当客户提出一个始料不及的要求时，也是如此。还有一些其他情况，比如在很短时间内提交一份复杂方案，一个很有影响力的同事请你来帮忙，或家人突发疾病之类来自外部的突发情况。一旦你遭遇此类突发事件，就需要阶段性的持续高强度合作来应对，这样势必要挤占你的个人时间。突然爆发的工作压力会非常折磨人，正如斯特拉经历的那样，还好这种情况虽然棘手，但总会有结束之日。

从长远来看，"缓慢吞噬"的破坏力可比"突然爆发"大得多。如果你正被工作压力缓慢吞噬，你甚至说不清楚这种状态是从什么时候开始的，这是因为它是逐渐形成的，让人很难觉察。来自各方面的合作请求，在数量、种类以及速度上都不断提高要求，而你接到新任务时，或回应他人的需求时，从不去质疑自己到底在干什么，于是你总是工作到深夜，甚至在周末也得早早起床，加班回复邮件。

像这样被工作压力缓慢吞噬的状态，既没有明确的开始，往往也不会有明确的结束，它只会一直持续下去，日复一日，年复一年。你只能一直坚持，努力忍受，直到突然有一天，你再也无法忍受下去。这时，周遭的情况便开始迅速而猛烈地螺旋式下滑，一旦这种下滑开始了，通常都不会有美好的结局。倘若人们长期饱受工作压力的摧残，就会陷入长时间狂热的工作状态，无力维护有利于身心健康的人际关系。他们的生活单一且无趣，认为只要事业上有所成就，便可获得成功的人生。

到底是什么原因让这些成功人士做出令自己陷入困境的决定？前文提到的 9 大诱因都有可能，但与内心焦虑和掌控感相关的 4 大诱因才最为重要。

乔纳森是一家岩土工程技术公司的经理，有一次他参与了为一座引进先进技术的大桥安装巨型桥墩的项目。他们团队的任务是对河床的土壤及次表层进行分析，项目工期将持续几个月。

乔纳森觉得自己能够参与到这个项目中，不论是他自己的公司还是建筑施工公司都应该感到庆幸，因为他清楚这个项目的岩土分析工作有多么重要。几年前他参与了一个类似项目，有几根桩放错了位置，不得不拆除，在拆除作业过程中，有起重机发生了侧翻事故，造成 3 人受伤。有过这段经历，乔纳森深刻地感受到现场的精准作业有多重要。他深觉自己远比团队其他人更了解这个项目，更重视精准作业，自己的技能也比别人专业得多。因此，他密切监督土壤和岩石的测试工作，极其仔细地校对各项参数，许多施工方案都是他亲自撰写的。

乔纳森是个非常严谨的人，他思路清晰，做起事来有条不紊、干脆利索，对此他引以为傲。他总是先理清头绪，按部就班地做事情，并且坚持让他的团队也这样做。"先做完这件事，再去做别的。"这是他最常说的一句话。例如，他手下有个项目经理，是个 3D 打印（一种快速成型技术）爱好者，经常向他宣传用这个技术为河床和桥墩建模有什么好处。不过在他为乔纳森展示自己的设想时，这项技术并不成熟，还存在很多含糊不清的细节问题。乔纳森更愿意采用百分之百可靠、清晰的方法，来辅助他按阶段实施部署，这样得出的结果可以直接放进报告里，无须做任何额外说明。

如果遇到高风险项目，我们确实应该以工作为重心，把工作交给我们信任的人，采用成熟的技术，认真地一步步完成所有工作。但是这种方式也可能带来两个问题。

首先，出于掌控一切的心理需要，你会拒绝接收混乱复杂、含糊不清的信息，从而导致思维偏狭、僵化。同时因为接收的信息局限，会有接受不了意外状况考验的风险。

其次，只关心工作本身，只把任务交给你信任的人，只采用确定有效的方法，会让团队感到被剥夺了自主性。一旦有了这种感觉，团队将失去积极性和使命感，导致工作懈怠。如此一来，不仅你自己，团队的工作也会出现风险。

乔纳森每天都能感觉到这些风险的存在。他很清楚，自己殚精竭虑，疲惫不堪，可团队成员并未全力以赴地向他心目中的卓越标准努力。他只好自己承担起越来越多的责任，尽力满足项目的质量和进度要求。

乔纳森就这样被缓慢吞噬。他认为自己是唯一一个要对项目负责的人，于是不断将与他人的协同合作加码，咨询他大小事务的人也越来越多。近几个月来他一直是这样的工作状态，除此之外，他每天还要花两个半小时驾车往返于家和工地之间，实属不易。

在这些受访者的讲述中，我惊讶于他们竟然在工作压力中煎熬了那么长时间。他们也很疑惑，自己究竟是怎么熬过来的？人们往往在受过某种打击后，才意识到自己的生活是多么难以忍受。这种打击可能来自于一名重要员工的离职、家人突发疾病、配偶提出离婚，或者是项目遭遇意想不到的挫败。

乔纳森就经历了这种打击。他身心俱疲，情绪低落，他病倒了，不得不休息一周。他内心极其愧疚，担心工作受到影响，却又无计可施。他万分焦虑，感觉世界都要塌了。

与此同时，大桥施工现场由那位热衷于3D打印的项目经理代为管理。没有乔纳森在身边时刻严格监督，催促工作进度，他终于能花些时间制作河床和桥墩的实体模型。等乔纳森拖着病体回到工地时，他以为现场一定一片混乱，出乎意料的是，他竟然惊喜地看到一整套细致、高效的3D模型，这些模型使桥墩定位更便捷、更准确，工程质量有了质的提升。

乔纳森和很多受访者一样，在不知不觉中被工作吞噬，甚至不知道还有其他的工作和生活方式。有一次我在一家软件公司举办研讨会，那天是周五下午，已经快6点了，经历了一周的漫长工作，尽管研讨会已经比预计结束时间晚了两小时，但仍没有结束的态势。现场的气氛非常热烈，大家都很积极地谈论自己超负荷工作的经历以及尝试过的对抗方法。

我们以一位资深领导者的超负荷工作状态为案例，我和他的同事、老板都积极建议他减轻工作压力。但他执着于自己的工作方式，根本听不进我们的建议。

"不可能那么简单。"他说。与会的50名同事都根据切身经历与他分享方法，却根本无法打动他。"这些办法对我来说行不通，"他说，"你们把问题看得太简单了。"

这让我很困惑，他并不是个争强好胜的人，也从不自以为是，更不会对他人傲慢无礼。相反，他在一整天的研讨会上一直非常积极，直言不讳，为公司提供建议。他能认真倾听他人说话，也很真诚地希望自己有所

别让合作压垮你
Beyond Collaboration Overload

改变，但不知道从何入手。

他并不是个例，在备受尊敬的世界级咨询公司合伙人身上，在全球领先的投资银行的高管身上，在拥有 50 多家全球顶级律师事务所的首席运营官身上，这种矛盾和彷徨如影随形。他们的境况总是惊人地相似，很多成功人士被内心的恐惧和焦虑主宰，他们被工作压力缓慢吞噬，却不知如何脱身。

他们本不应该如此被动地生活，解决问题的办法就在眼前，他们身边的人一次次地用实践经验劝他们采取一些简单易行的办法，他们却置若罔闻。

可喜的是，斯特拉和乔纳森终于行动起来，他们审视自己固有的思想观念，发现许多诱因都源于无来由的焦虑心理。斯特拉找到办法缓解内心的压力，不再一味接受他人，尤其是来自上级领导的工作要求，乔纳森也开始放下自己的控制欲和"今日事今日毕"的心理需要。

但就像许多背负着过度合作负担的人一样，他们仍然面临着如何将观念落实为行动的问题。我们将在下一章中继续探讨。

Beyond Collaboration
Overload

学会精要合作

梳理给你带来工作压力的思想观念

本章介绍了许多不同类型的诱因，这些因素综合作用，导致你过度合作，但是，我们最终要找出哪个或哪几个诱因真正对你产生影响。

从下面这些项目中选出最有可能对你产生深刻影响的一项或两项描述。然后邀请一位非常了解你的人进行选择。

观念或诱因： 我喜欢帮助别人，因此总是轻易答应他人的请求。

- ☐ 你
- ☐ 了解你的人

此观念的影响以及应对方法

助人使我们产生使命感，满足了自身价值的深层次需求，有利于巩固我们的身份和形象。但是，如果总是对他人有求必应，那么不断涌现的合作请求会束缚住你的手脚，阻碍你去实现更远大的目标。

仔细想一想，为什么会有人争先恐后地向你求助。是不是因为他知道不会被你拒绝？所以你要学会说"不"，不要觉得不好意思。记住，拒绝他人，可以帮助他人自立自强。转换一下你的思路，不从帮助他人中获得满足感，而是教会其如何解决问题。

观念或诱因： 为了追求成就感和自我满足感，有时候我会过度参与新的合作项目，给自己增加很多压力。

- ☐ 你
- ☐ 了解你的人

此观念的影响以及应对方法

从不加筛选的成就中获得的满足感容易让人沉溺其中，无法将精力集中在更重要的事情上，让你错过那些更有价值和挑战性的工作。

不去做那些只能获得短暂满足感的事情。在锻炼自己的同时培养他人的能力，给予适当的指导。如果你必须介入某个小任务，一定要提醒自己，点到为止。

观念或诱因：我渴望获得影响力，享受被推崇为某一领域的专家的感觉，有时会让人过度依赖我。

☐　你

☐　了解你的人

此观念的影响以及应对方法

为了影响他人并得到他人认可，你会陷入过度合作的请求中。你没有时间来开展跨领域合作，也没时间去维护那些有利于你长远发展的人际关系，你没有时间留给家人，没时间锻炼身体。"成为领域专家"本身就是个陷阱，你会因此而过分关注自身的专业能力，这会阻碍他人的进步。

不要执着于你的身份地位，那只是人们对你过去的能力和学识的认可。试着放开那些陈旧的人际交往方式，为自己创造空间，激励团队拥有积极的主人翁精神和独立自主的工作态度。

观念或诱因：我担心同事认为我能力不够，所以有时候我会过于积极，给自己增加很多工作压力。

☐　你

☐　了解你的人

此观念的影响以及应对方法

害怕被人贴上个坏标签，于是你无法拒绝任何请求，无论这个请求是来自上级还是同事，因为你担心拒绝了别人，会给自己带来不好的影响。但是你能处理的工作量终归是有限的。千万不要觉得别人要求你帮忙时，你是处于弱势的一方。你可以稍微换一种态度来回应。你并非只有接受和拒绝这两个选项。相反，你可以提出新的选项，比如："您希望我按什么顺序完成这些工作？"这样你既能清楚地向对方展现出工作能力，还能向对方表明手头上已有的工作量。接下来跟对方一起厘清真实需求，看看是否还有其他方法来完成这项工作。

观念或诱因： 我一味强调方式的正确性，而不是努力追求结果，因此我有时会把太多时间花在准备工作的细节上。

☐　你

☐　了解你的人

此观念的影响以及应对方法

人们强调工作方式的正确性的原因有很多，其中有两个较为常见，一是个性使然，二是出于内心的担忧。但无论出于什么原因，一味强调正确会导致无意义的行动，比如花几小时准备会议、撰写一封格式正确的电子邮件，这给大家带来很多不必要的工作。

好的做法是承认自己并不知道确切答案，但有能力也有意愿尽快找出答案。在项目开始之初便对大家明确这一立场。坦然接受自己的局限性，并敢于向他人请教，不仅可以减少不必要的行动，还能影响他人同样秉持诚实坦率的工作态度，让每个人都可以坦然面对自己的缺陷。这样可以增加他人对你的信任感。

观念或诱因： 我害怕失去对项目的掌控，我认为自己最有能力做好这项工作，所以我不愿把工作分配给他人，也不愿与周围的人交流。

☐　你

☐　了解你的人

此观念的影响以及应对方法

掌控一切的念头会让你沉溺于工作中。而你一旦沉溺其中，你的工作效率便会降低。此外，抓住工作本身不放，会让团队成员感觉自己的自主权被削弱，导致他们的工作效率也降低。

借力而行是管理者需要培养的一种重要能力，这种能力在整个职业生涯中随着职责范围的变化还需要被不断重塑。因此你必须分清楚哪些是真正需要你全力以赴的重要工作，哪些是你无须操心，可以交由他人完成的次要工作。学会放手，试着培养他人的能力，腾出时间去创造更有价值的工作。对于他人提出的解决方案也要多加鼓励，切勿直接表达你的不同见解。

观念或诱因：我追求"今日事今日毕"，出于这种心理，我常在深夜工作，制定一些疏于考虑的工作计划，这给他人带来了不必要的工作压力，最终这些压力又反弹给我。

- ☐ 你
- ☐ 了解你的人

此观念的影响以及应对方法

为了完成任务而完成任务，会给团队带来不必要的压力，他们会缺少明确目标，无法保证团队工作方向保持一致。

出于"今日事今日毕"的心理而追求与团队工作方向不一致的模糊目标，将迫使团队去解决额外的问题，不仅会对项目产生负面影响，还会增加下游的合作需求。

你要提醒自己，不分主次地按部就班并不是合理的工作节奏。你不需要回复完所有邮件再开始工作，你不用立刻处理不重要的工作。难道你真要参加日程表上的每一场会议吗？你明知道这些会议并不是全都那么重要。你要养成"视而不见"的习惯，看看你不出席那些会议，会不会有人在意。

观念或诱因：在一个项目过程中，我抵触含糊不清的意外状况，也不愿意对计划进行调整，因此我会做大量前置工作，制定一个无懈可击、无可挑剔的项目方案。

☐ 你

☐ 了解你的人

此观念的影响以及应对方法

有些人抵触含糊不清的意外状况，总是觉得自己掌握的信息还不够全面，也接受不了一个不甚清晰的工作流程或不甚完善的工作计划。对他们来说，最简单的方法是获得更多信息，制定更详尽的流程，提出更完美的策略，但这只会消耗别人的时间。随着合作事务和决策交流的需求成倍增加，这类管理者制造的只有混乱和僵局。

精要合作者对含糊不清的状况更为包容。他们不需要确定所有事项，敲定所有细节。尤其是在项目早期阶段，他们只强调方向正确，能够确保项目总体上朝着正确的方向推进。当他们获取了新信息，也可以很灵活地调整想法、修改计划。所以我们应该强迫自己学习在面对不确定的局面时做出决定，短时间内提出一个方案来推动一项计划，而非耗费团队的时间去制定一个更为准确而详尽的方案。

观念或诱因： 我很害怕错过重要信息，因此总会尽可能去参与各种合作工作，给自己带来额外的工作压力。

☐ 你

☐ 了解你的人

此观念的影响以及应对方法

这种心态往往使人扰乱自己的工作节奏，接受本不该接受的合作任务。你被迫参与到一些让你负担过重的工作中，而这些工作与你的人生目标及事业发展方向并不一致。

在参与一个新项目之前，你要首先确保你不是处于担忧或攀比等情绪化的状态中。你可以与熟悉你的人建立联系，请他们给你提些切实中肯的建议。还可以结交一些不同圈子的朋友，这些人能在关键的时刻帮你厘清思路，提醒你不要冲动决定，而做对自己真正有益的事情。

精要合作
Tips

1. 因为追求更多的成就感，我们对自己和他人都有了期待，想要解决所有小问题，哪怕事倍功半也在所不惜，于是循环往复，合作的需求不断加码、升级。

2. 善于合作的成功人士不会通过追求表面风光或某种身份地位来获得成就感和价值感；相反，他们的成就和价值体现在积极培养他人，让其发挥才能，这样才能受到尊重。

3. 苛求细节，会导致一些无意义的产出。有些准备工作不仅没有必要，还会影响他人的积极性，剥夺别人进步的空间。

4. 以"事必清"为目的完成任务的行为，其结果往往是事倍功半，反而增加了其他人的工作量。

Beyond Collaboration Overload

Beyond Collaboration Overload

第 4 章

方法 2，
重建合作体系，提高合作的"门槛"

找到工作中最想发挥的才能、职业生涯中最希望践行的价值观，在此指引下，斟酌自己应当如何安排自己的工作。

现在我们来回想一下你昨天都做了些什么。你的工作有没有为他人、为自己提供价值？你的工作对推动你个人或公司的目标是否有所帮助？如果按照 1～10 分的标准给你的工作打分，你会打几分，是 10 分还是只有 1 分？

现在的矛盾之处在于我们对自己的工作内容有较高的自主权。无论是管理者还是普通员工，我们都拥有数代以前的职场前辈无法拥有的自由。很多公司发现赋予员工自主权可以极大地刺激员工的积极性，释放员工的创造力，我们有机会选择自己的工作内容、工作方向以及工作伙伴。公司里人才济济，各种思想激烈交锋，只有敢想敢做的人才能脱颖而出，获得晋升机会。在这种环境中，拿着"扳手"机械地服从命令的人越来越少了。

然而，我们的劳动生产效率在很多方面仍停留在上一次工业革命时期的水平，被后世誉为科学管理之父的弗雷德里克·温斯洛·泰勒（Frederick Winslow Taylor）将工人视为一颗颗滚动的钢珠，执着地研究和推广如何最大限度地提升他们的劳动生产效率。

为什么我们总是被迫参与那些对自己的职业发展和人生目标毫无裨益的工作？就好像被无形的力量控制，这力量不停地把我们拖离理想的道路。

上一章我们谈到，那股无形的力量一部分来自我们自身的潜在需求，是情绪和冲动的产物。也就是说我们经历的"果"其实是自己种下的"因"。而这一章我们要谈的就是如何系统性地解决问题，摆脱那些束缚力量，重新掌控工作和生活的局面，根据实际需求重建工作体系。

"控制"这个词既复杂又沉重，前文提到过，过度合作与控制欲有很大关系，许多管理者都有很强的控制欲，这会让很多人反感，但现在我们讨论的"控制"与此前不同，并不等同于事必躬亲。

这一章要讨论的"控制"是指认清自己的前进方向和公司的发展方向，确保自己正沿着正确的道路前进，不会因为超负荷的合作工作成为一只土拨鼠 ①，每天都在同一个地方醒来。

把工作范畴定位在能提供价值的工作中

我们回过头来看看斯科特的经历，也就是在第 1 章中那位苦苦挣扎的经理。斯科特是个系统化解决自身工作压力的优秀范例。我与他初识时，

---

① 典故来自"土拨鼠之日"，指一个人在同样的环境中待久了，很容易分不清时间，注意力变差。——编者注

我们为他公司 10 000 名员工进行的 ONA 数据分析显示，他的工作压力位列第 1。经过我们团队的指导，他的名次降到了第 17 位，但又反弹回第 13 位。最终我们引导他重新梳理了自己的工作职责，让他把自己的工作范畴定位在能够提供独特价值的工作中。我们在第 1 章介绍过，他的改变有一部分与思想观念有关，他重新理解了仆人型领导的含义，明白应"授人以渔"而非"授人以鱼"。而我们团队的工作其实是系统地分析他工作与生活的各部分内容。

公司对斯科特的健康状况很担忧，于是决定以此为切入点。他疲惫不堪，精力不济。公司提出送他去一家疗养中心休息 10 天，在此期间疗养中心拿走了他所有的电子设备，切断了他与外界的联系。第一天他全天没有上网，那感觉跟戒毒没什么两样，他发生了戒断反应，站在神经学的角度来说，不断拿起电子设备的冲动，会让我们陷入恶性循环。

斯科特硬着头皮把这 10 天坚持了下来，他做瑜伽、冥想，从未接触电子设备。等到第 11 天他打开电脑查看邮件时，10 天的信息堆积如山，他收到了上千封邮件，他准备专心处理这些邮件。

而就在处理这些邮件的过程中，他突然醒悟，获得了一份直到今天都十分受用的心得。经过 10 天的休息调整，他满血复活，马上一头扎进了邮件堆里。当他看到一件件大事小情竞相出现，他真切地感觉到了生理上的反应：脉搏加速，脸颊发烫，血压上升，心里想着"我得处理这件事"。但是当他浏览到最近一封邮件时，却惊奇地发现，许多问题即便没有等到他的回复，竟然也顺利地处理完了，大部分问题仅在一两小时内就解决了，而过去他总在这一两小时的时间里跳出来提供"帮助"。

他的职场导师告诉他，他的直接下属和同事反馈，没有他的介入，问题不仅得到了解决，还解决得更快、更好了。"我到底干了些什么？"他不由得扪心自问，"我原本是出于好意才去帮忙的，反而给别人添了麻烦。"

斯科特回头仔细查看了过去4个月的工作安排，分析自己日常与他人的互动交流，很快发现他的问题不止源自"越帮越忙"，还有一部分来自公司的上下级制度。一些琐碎小事必须通过繁复的公司流程决定，这是因为过去有人犯过低级错误，把有瑕疵的产品发给了重要客户，于是公司出台一套新制度和新流程，确保此类问题不再出现。可是，为了避免一次偶然的失误，却消耗了日常工作中大量的时间。而斯科特忙碌的工作日常就与此类制度和流程不无关系。

他之所以回顾4个月，是因为如果观测时间小于这个范围，发现不了问题，只有观测时间长一点，他才会吃惊于自己做了那么多非精要合作的工作，而这只是因为别人认为是他的职责。

斯科特浏览了每一天的工作日志内容，找出自己经常出席的活动和会议，发现其实他有许多机会减轻自己的工作压力，因为他可以变更决策权，移交职责，转移合作请求。

接着他又查看了未来两个月的工作计划，寻找重复的会议和低附加值活动。他为自己的发现感到苦恼，有许多活动是他无法提供价值的，但他的参与已成为惯例。在大部分工作中，他的任务并不是提供关键性建议，而是只起到协调作用，工作完全可以由其他人完成。大部分时间他只起到团队中定海神针的作用。

明确北极星目标，重新安排自己的工作

斯科特意识到自己需要以北极星目标为重。所谓北极星目标，就是要找到工作中最想发挥的才能、职业生涯中最希望践行的价值观。在北极星目标的指引下，他需要斟酌自己应当参与哪些决策，回应哪些请求，能否转移部分职责、减少开会时间。他需要更积极地安排自己的工作。

寻找你的北极星目标

斯科特开始寻找自己生活与工作的目标。很久以前，他很清楚自己所就职的公司吸引自己的特质，这家公司主要帮助一些低收入者及新移民使用银行产品，客户群体规模大、影响力广，并且很有前瞻性。斯科特参与的许多项目都是面向那些没有账户或信用记录不良的客户，教他们如何存钱、转账以及使用自动取款机。他觉得自己的工作正在让世界变得更加美好，对他来说很有意义。

可他早就忘记了初心，每天都围绕着细枝末节打转，这次他决定重拾初心。"弄清楚自己工作的意义并不难，"他说，"但这个举动却深刻地改变了我，让我认清哪些工作更重要，帮助我减少了与他人不必要的交流。"

重新设定你的决策范围

他还发现自己工作中的决策权范围缩小了。一些对他而言微不足道的小事，他开始乐于交由他人来决断。为了减轻自己的合作负担，也为了给予他人更大的自主权和参与感，斯科特重新设定了自己的决策范围，比如他不再审批出差申请，也不再参与低层级员工的人事问题。现在，他处理每一件事情之前，都会先问自己："其他同事能处理这件事吗？"

他还发现，许多问题原本用不着他来处理，那些问题都是基于他早已熟知的技术和经验，对他未来的发展毫无裨益。而过去，因为他助人为乐的行为使他获得了他人的尊重，因此他总在无意间鼓励他人来询问自己。但现在他已经明白，把时间放在重复低效的事情上，无论对自己还是公司都没有好处。因此他开始将这些请求分门别类，然后指定其他掌握各个领域最新信息的同事来帮助大家解决问题。

用新视角审视自己的角色

有了这个新视角，斯科特开始审视自己承担的角色，并开始逐步改变。"我干脆不再介入那些不该我参与的事项，"他说，"有时候我会收到电子邮件问我为什么没有参加会议，我置之不理，不去回复，结果也并没什么不妥，一切都照常进行。只有连续收到紧急请求时，我才会深入了解情况，判断自己是否真的需要介入。"

而面对一些重要工作，他也开始尽可能给他人分配任务。以前，他的职场导师和领导也曾劝他，让他多多放权，而他只把职权下放给自己最信得过的下属，于是那个人便成了部门第二忙碌的人。很快这名下属的工作也变得难以承受，只能把责任推回给斯科特，导致他们二人总是疲惫不堪。而现在，他甄选出多位有能力的下属，让他们去处理原属于他的大部分工作，保证谁也不会再把责任推回来。这些人都是他重点培养的对象，他们正好可以借此机会提升能力，并为其他人提供帮助。这样一来，整个团队的合作需求得到了进一步平衡。

控制会议的时长

斯科特又逐一审视了例会的时长，期望能够缩短一半。但在审视的过

别让合作压垮你
Beyond Collaboration Overload

程中他发现有些会议不需频繁召开，还有些会议干脆被他取消了。

经过这一番的全盘思量，斯科特为自己制定了一份"战略性管理工作日历"。他提前制订好周计划和月计划，确保所有工作内容都与自己的目标一致。他还不时地精减不该出现在工作计划里的非精要合作。他制订了人才选用和团队培养计划，还在日历中专门留出思考、复盘的时间。

这都需要他具有积极主动的态度，不再将主导权交给导致过度合作的无形力量。每一项行动都不难，却能为他的职业生涯和婚姻生活带来巨大改变。"我的生活重新焕发生机。"他说。

追求北极星目标为他的工作和生活注入了新的活力。"我只给自己安排与我个人发展目标相一致的工作和活动。"斯科特说，"也就是说，我只愿意去参与对我的发展有益的活动，只想与有创造力并关注公司发展的人打交道。"

斯科特惊讶于自己并未在改变的过程中收获太多阻力。比如在他缩短会议时长时，他说："如果不考虑工作效率，大家可以想出无数种办法填满会议时间。而当我反其道行之缩短了会议时间，我没有听到一声抱怨！"

与斯科特有类似经历的人屡见不鲜。我采访过的精要合作者一次又一次地向我讲述他们从低效合作中解脱出来的经历。后文中我将详细介绍他们最常用的克服工作压力、开展精要合作的系统性措施。这些措施可以分成两类：一类是引导他人实现其北极星目标；另一类是梳理工作职责间的相互关系，提高合作效率。让我们来依次了解有哪些具体措施。

区分"必要的合作"和"应避开的合作"

为了弄清哪些合作任务应当完成，哪些应该避免，你需要想清楚你的北极星目标是什么？不仅是升到某个特定职位这种单一目标，更要结合你的专业特长、价值体系以及身份形象等综合性目标。

这听起来有点抽象，请听我来一一解释。与前文一样，本章末尾会对这些措施进行汇总。

专注于自身的专长

仔细想一想，未来五年你最想要发展的能力是什么，最想要成为哪一领域的专家。你可以向自己理想的领域发展，培养出一项既有助于实现个人发展目标，又能为公司创造价值的能力。这种能力不以某个特定的岗位为目标，而是以长远的人生理想为导向。

这样就能倒逼你去思考：你有哪方面优于他人的专业特长？有什么事你擅长，还能给公司创造价值？

有很多种方法可以帮你弄清楚自己的专业特长，比如盖洛普（Gallup）公司的心理评估工具——克利夫顿优势识别器（CliftonStrengths），或是著名职业生涯规划大师唐纳德·休珀（Donald Super）的工作价值观调查问卷。你的专长可能是处理人际关系，比如你喜欢把兴趣相投的同事聚到一起，打破办公室的谷仓效应。你知道这会对公司有好处，但你却有心无力，因为无关的工作占用你太长时间。树立自己的北极星目标，其实就是树立清晰的意识，以发挥自己的独特才能来获得大家的认可和尊敬，并且以此赢得晋升的机会。

用这种方式确立好北极星目标，可为你赢得声誉，优化你的人脉，令你更顺利地创造让你满意的工作局面。

专注于自身的价值观

请你扪心自问，你真正看重的是什么？是物质收获、功成名就、推陈出新，还是予人玫瑰的满足感？不要刻意关注某一岗位的工作职责，也不要只追求社会上人云亦云的价值观，而要关注你自己真正在意的东西。

想想能让你精力充沛、热情洋溢、全情投入的工作是什么，为什么这项工作让你觉得有意义；再回想一下，你在做这些工作时与周围的人是如何进行交流和互动的，这些交流和互动中有什么让你比较看重的特点，吸引你的是与别人一起创造的热情还是同事间的默契，抑或是共事时幽默欢快的氛围。

专注于自身的个性特征

除了工作之外，你有没有想要达成的心愿？有没有坚持的决心？你的愿望可以与家人和社会相关，也可以只关注自己。你可以从以下几个方面给自己一点启发，比如你是个有公民意识的人吗？你是某项事业的积极分子吗？你喜欢什么运动？你是一个乐善好施，喜欢照顾他人的人吗？

你的愿望有助于为自己设定工作界限，通过制定具体的规则来缓解工作压力。你可以规定自己何时回复电子邮件，何时查看短信，何时必须离开办公室。你还可以从事一些被我称为"人际关系定锚投资"的行动，就是在业余时间加入一两个社会团体，通过参与不同的活动，拥有工作以外更为广阔的视野。我将在第8章详细介绍如何进行这种"定锚投资"。

一旦根据自身专长、价值观以及个性特征确立了北极星目标，你便可以集中精力思考如何利用精要合作者们的成功经验来实现自己的目标了。

专注于自身的优势

你需要考虑清楚，希望将自身的哪些优势投入工作当中，这有助于指导你对各类合作关系做出选择。

戴伦是一家全球性科技企业的人力资源主管，他最明显的优势是协调能力，他非常善于利用合作关系解决棘手的问题。"我知道自己是那种喜欢解决复杂问题的人。"他对我说，"碰到复杂的问题，别人避之不及，我却迎难而上。我会把问题进行分解，然后调动资源，找来合适的人帮我一一解决这些小问题，最终完成全部工作。"

多年的人力资源工作经验让他在处理繁复的日常事务时得心应手。但有时那些需要花时间处理的复杂问题会让他晕头转向，所以为了缓解工作压力，他会优先处理那些简单但不甚重要的小问题。

"有时候我会很烦躁，我需要处理一件艰难又棘手的任务，可能需要3个月时间才能完成。这时候我就会忍不住先去做些相对简单的事，比如处理一封可以轻松回复的电子邮件。"戴伦说，"这些小事太诱人了，只要我敲出答案，点一下'发送'按钮，就能完成一项工作，这可以让我觉得自己今天还是做了点事的。就好像周末我在院子里拔草，拔了几小时后，回头一看，觉得自己达成了些看得见的成果。"

但是，快速完成简单工作的能力并不是他要在工作中发挥的优势，因此他努力克制自己不要去做这类工作。"我知道我去处理这些问题不过是获得短暂的满足感，这不是我该做的事。"他说，"我知道公司需要我去推动团队的成长，所以我应该把这类工作交给团队里的其他成员去处理。这可以成为他们学习和成长的经历，如果我亲自处理，就剥夺了他们成长的机会。所以，我开始抑制自己的冲动，转而对团队里的某个成员说：'这件事有点意思，你去处理吧，我相信你。'"

经过这样的自我管理，他得以按照自己的意愿工作和生活。他能够推动团队的成长，同时也推动着自己的成长，向着成为有远见、懂激励的高管前进。他知道自己的亲力亲为将消耗本该用于纵观全局、运筹帷幄的精力。

像戴伦一样，精要合作者事业成功的秘诀就是他们找到了将更重要的人生抱负融入日常工作和生活的办法。

专注于建立合作关系

要主动建立能给工作和生活带来积极影响的合作关系。我们常常忽视自己作为人类一员的社交属性，人类需要跟别人打交道。我采访过数百名成功人士，他们很难认识到自己的成就与他人的贡献密切相关。因为人的本性就是以自我为中心，认为取得成功是自身努力的成果，与他人无关。

然而，科学研究成果表明，没有人能不受到他人的影响，这是不可否认的事实。我们应当主动去寻找能够帮助我们实现目标的人，与他们建立联系，为自己搭建起强大到足以"脱离孤岛"的合作关系。

人们总是容易受困于"孤岛"，"孤岛"的形式和成因多种多样，而只有建立起强大的合作关系才可以帮我们离开孤岛。

合作关系会不断延展，为你带来众多机会，为你提供项目资源，丰富你的思想，拓宽你的视野。精要合作者会主动且有序地按短期、中期和长期的时间范畴来搭建合作关系，他们不会忽视对稍远的未来有益的合作交流活动，这是那些疲于应付繁重合作压力的人们无暇顾及的，这一点我们会在第 6 章再来探讨。

专门留出思考的时间

精要合作者深刻意识到，时间是自己最重要的资产。他们利用工作日历这个工具来避开不必要的合作，通过高效地安排工作和生活，不断朝自己的北极星目标迈进。他们会创建滚动日历，设立若干关键的事务类别，确保自己的每个时间段在每个类别中都有合适的活动安排。

许多人还会在每周都安排一些赋能的特别项目，以弥补日常生活赋能不足的遗憾。这样的安排可以提醒你保持目标感和积极性，你就可以始终如一地向着目标前进，建立功能性的合作关系。

管理好工作节奏

怎样的工作节奏对你而言效率最高？如果你在清晨精神最充沛，头脑最清醒，你应该如何利用这段时间呢？也许可以做一些创造性的思考。

很多人一到下午便开始萎靡不振，需要到小会议室松软的沙发上闭眼小憩一会儿。但也有很多人到了下午便一身轻松，耳聪目明，刚好可以用来处理琐碎的邮件，安排好下周的工作。还有些人则是夜猫子，只有等别人都上床睡觉了，他才精神抖擞，才思敏捷。

战略性管理工作日历

时间管理的最好方法是创建一个可视化模型，这也是战略性管理日历如此重要的原因。你可以遵循以下步骤：

1. **确定优先事项**。这永远是首要工作。你的优先事项不应该由他人或社会普遍的价值观来决定，即使你获得了高级职位，这也并不一定就是你真正想做的事，也无法让你成为你真正想成为的人。你要想清楚，你希望自己依靠哪方面才干而立足，未来 5 年你最想发展哪项能力，你想在工作中发挥哪些价值。

2. **为自己制订一个发展计划，然后建立一个人脉网络为你出谋划策**。不要只结交正处于你心仪岗位上的人，还要结交那些过着你想要的生活的人，无论长幼，也不要考虑他们对你的职业发展是否有帮助。

3. **创建一个每周、每两周或每月滚动的活动日历**。这个日历的建立要以你看重的成功人生的要素为基础。将这些成功要素进行分类，可以包括事业成就、战略规划、团队发展、人脉关系、个人生活和身心健康水平等。

4. **在每个时间段的末尾或开始留出一小时**，用来创建下一个时间段的工作日历。

5. **将你的优先事项纳入日历**。一定要安排一些会议，专门与人探讨你的目标规划。与此同时，根据你的优先事项来决定拒绝参加哪些会议。有些人用不同颜色对日历进行分类管理，以便纵观全局，比如必须参加的会议标记为绿色，不需要参加的会议则标记为红色。

6. **利用日历对时间进行分配，限制自己用于工作、电子邮件或社交媒体上的时间。**可以采用一些缓冲手段，例如规定自己何时回复电子邮件，何时查看消息，何时下班等。

7. **锁定与工作及人生目标相关的重要活动。**有计划地设计一些人际交往活动，以制造激发你积极性的新的工作机会。

8. **坚持按日历中的计划行事。**这些计划应当包括家庭活动、体育锻炼或者兴趣爱好等。

9. **尽量确保人际交往活动中的能量守恒，以保持精力充沛。**假如你必须参加一个让人泄气的活动，就再参加一次赋能活动给自己充电，让自己重新振作，重拾工作中的目标感。

10. **利用行政助手等工具为你设置缓冲地带。**给你的团队成员设置几个能够打扰你的时间段，他们可以在这些时段与你讨论重要项目的成果和进度等问题，其余时段则杜绝他人打扰。

观察自己的生活习惯，与之配合，并进行协调和管理。将最重要的活动安排在精力最充沛、创造力最丰富的时间段，用精力不济的时间段来处理那些寻常的事务性工作。

斯科特理解了精要合作的意义后，迅速对自己的工作节奏进行了调整，并一直坚持按这个节奏安排工作内容。之前的许多年，他一直习惯于早上第一件事就是收发电子邮件，我曾收到过一封他凌晨 3 点发来的邮件。他的初衷是尽早处理完邮件，以便别人开展下一步工作，他也可以早点开始做些战略性工作。但是，现实情况并不如他所愿，电子邮件总是不分时间段，连绵不断地向他扑来。

于是他明白了。"我回复他人的邮件，意味着我的一天是从别人的工作开始的。"他说。因此他改变了工作顺序，把清晨的时间用在最重要的事情上。"我开始利用这段时间做些有思想性、创造性的工作。我强迫自己不去查看电子邮件，然后让助理在一天中留出一段时间专门处理电子邮件，解决紧急事项。大家慢慢习惯了我的这一模式，一旦遇到一些重大事件需要与我当面讨论，他们也不再发邮件问我的意见了。"

调整工作内容，与自己的目标保持一致

如果不认真安排自己的工作内容，我们会被卷入各种各样的合作工作中，而那些工作与自己的事业方向和人生目标毫不相干。特里斯坦就是个典型的例子。他是一家咨询公司的经理，这家公司与州政府合作建设无线网络。特里斯坦的长项是社会关系广，但他有一个众所周知的特点，就是对任何请求都来者不拒，一律说"好"。有人来找他帮忙给无线节点选址，他回应"好"；有人吵着索要网络许可，他回答"好"；有人请他调试一个专利软件，他也说"好"；有人让他去学校发表关于智能电网的演讲，他还说"好"。

他成为一个老好人的原因有很多，其中最主要的原因是他喜欢有趣、有挑战的工作。他对生活抱有极大热忱，而他的公司也允许他四处插手。公司的 CEO 很欣赏特里斯坦的干劲，更希望他向周围传递出这种干劲，因此总是鼓励他涉足不同的工作领域。

特里斯坦在工作时缺乏目标感，做起事来也不会深思熟虑，但是这些是精要合作者必需具备的特质，所以特里斯坦从未为自己设定过明确的职业发展方向。他这也做，那也做，做了很多事，却始终在兜圈子。最终，沮丧的特里斯坦给自己定下了北极星目标：调整自己的工作内容，充分发挥自己对运营管理的兴趣，并培养相关技能，帮助公司开拓业务市场。于是，他开始战略性地管理自己的日程安排，找别人来接管自己习惯处理的事务，并且积极地参与过去从未涉足的运营管理工作。

如此一来，特里斯坦不仅全面提升了工作效率，其突出的运营管理能力也得到了 CEO 的首肯。后来，公司的 CEO 离职后，他顺利接任这一职位。

如何摆脱过度合作　　　　　　　　　　　Beyond Collaboration Overload

从小事做起

把工作量进行转移并非难事，以下几个小策略就能帮你实现：

- 培养对他人专长和愿望的认知能力。一旦了解了你所处合作关系中每个人具备的才能，你就能打开思路，对遇到的问题进行解析；而一旦你了解了他人的个人愿望，你便能有的放矢地吸纳人才、分配工作。你可以每周都与同事和下属见面、交谈，或利用社交媒体去了解一下他人的信息动态。
- 设定期待值。如果你是一位领导者，就要管理周围的人对你的期待值，要让你的下属明白，他们必须一起想办法解决问题，不要总来寻求你的帮助。分配工作时，要尽量避免让过度的合作需求来影响你，比如，可将人员按绩效高低进行组对，这样可以有效利用团队的整体能量，帮助能力较弱的员工成长。而你只需时常留意，对携手合作、共同解决问题的人员予以及时的认可。

- **尽早让他人参与，共同寻求解决方案。** 每个人都应当明确自身的责任，与他人建立起协同合作的关系，让你能踏实地放手。身为领导者，你要记住一条铁律——我决不闭门造车。之所以这样说，是因为效率较低的领导者往往将自己的想法隐藏起来，直到时机就要错过时才提出来，最后不得不投入大把的时间和精力来实施这个看似"完美"的计划，这种突然袭击式的工作方式搞得大家手忙脚乱。为了避免这种情况，建议你时常带上他人一起参加会议、与客户交流，或者与其共进午餐，目的就是让别人尽早参与到工作中来，共同承担责任，提出创新思路。

利用职责管理舒缓合作压力

第二类系统性措施侧重于工作职责的内容及其相互关系，也就是说，我们要明确并关注各项工作的先后顺序、前因后果以及主次关系。

有时候我们不经意间造成自己被过度依赖的状况。阿舍就是一个极端的例子。他在一家全球性的咨询公司负责后台支持工作。在阿舍的团队里，大家和睦相处，氛围融洽。但是你会发现，只要他一露面，就会有同事不间断造访，而这不仅出于他们之间的和睦关系。因为大家都知道阿舍对局域网的所有应用程序都非常熟悉，所以他的办公桌前时常站着一排人对他说："阿舍，你帮他弄好这个应用程序后，能不能帮我处理一下调度流程？"

阿舍要花很多时间帮助同事解决技术问题，即使这并不是他的工作。有一次，公司推出了一套全新的费用报销系统，他成了公司唯一一个能把这个系统弄清楚的人。于是大麻烦来了，一个非常难搞定的系统遇上一位非常好搞定的同事。他只能硬着头皮帮助所有人解决问题，而他自己的本职工作却来不及完成。他焦头烂额，不知所措。他就是个非常典型的服务意识强，却极易受困于过度合作的例子。

除了同事们源源不断的求助让阿舍不堪其扰，他的上级领导还不停发来一些任务，而这些领导从不过问他正在做什么工作，也不会问他有没有足够的精力接受新的任务。但是，他与大多数人一样，不想表现出犹疑，也不想抱怨，所以他觉得自己别无选择，只能接受。

深度理解合作　　　　　Beyond Collaboration Overload

　　"管理好工作职责间的相互关系"意味着你要利用职责管理来缓解自己的工作压力。你要加深对他人的了解，并对与你产生合作关系的人进行适当管理，从而隔开给你带来工作压力的同事，让你有计划地合理利用自己的时间。

擅长合作的人会采取以下这些办法。

定期复盘工作日程表和电子邮件

这样做是为了分析自己介入了哪些合作请求，有哪些请求可以交由他人负责，是否能够通过修改工作制度或流程更高效地解决问题。

斯科特做得很好，他划定了工作表中的信息请求、日常决策、会议安排的范围。我们可以向斯科特学习，经常检查自己的工作日程表和电子邮件，回顾过去，也展望未来。手头正在处理的事情有没有更好的决断？你参与的合作关系是否对自己和公司都必不可少？

你也可以将请求分成行动请求和信息请求两类。哪些行动是出于真实需求？是否可由他人负责？如果你能将这种分析方法用于日常的工作决策和会议安排，你有希望将合作压力减少 10% ~ 20%，甚至更多，而这就是压力缓冲的开始。

积极管理他人对你职责的期待

这个做法看似跟上文介绍过的方法有点相似，其实二者截然不同。这一方法的重点是如何管理他人的"期待"。无论在什么行业中，那些优秀的员工都很清楚，一项突如其来的要求会一石激起千层浪，给大家带来庞大的工作量。

精要合作者不会将外界的合作要求视为必须全力以赴，不容置疑的工作。相反，他们会厘清并管理对方的期待，为自己争取更大的自由，在合理的时间范围内充分发挥自己的能力。因此你也可以转变思路，不要再把工作看作是别人强加给自己的责任，你有足够的发言权，要主动管理他人对你的期待。

重新思考日常工作

只要稍加注意，你就能够找到放下一些日常事务的机会。仔细复盘一下过去几个月中你的工作日程表和电子邮件，再看一下你未来两个月的工作计划，快速浏览一遍每一天的内容，然后按照以下步骤进行操作：

- **留意工作日程表和电子邮件的主题**，找出那些重复出现的请求信息，特别是那些与你成功目标不一致的请求。
- **认真思考决策的性质。**公司的日常工作中充斥着大大小小的决策过程，因为大家针对一个问题的正常反应是出台一项政策或制定一套流程，而这项政策或流程正在消耗人们大量时间。
- **改变工作流程，**指定其他咨询对象，通过多种渠道减少合作中的时间浪费。
- 如果实在不知道如何精减日常工作，求助于权威人物来指导你，毕竟当局者迷，旁观者清。

首先，弄清楚你在为谁工作，是你的老板，还是其他人，比如客户或其他的利益相关方。其次，尽可能安排与这些人进行会谈，请他们谈谈自己的预期目标以及对此项工作的理解。

这个问题很重要，尤其当你面对的工作要求是由你未曾接触过的人一层层递转过来的时候。一位从事制造业的领导者向我叙述过一次经历，一位副总裁的高级助理下达了一项复杂又紧急的任务。好在这位领导者足够沉着冷静，请副总裁本人进一步说明了这项任务，然后发现他真实的需求"其实是不足为奇的小任务。那位高级助理要么就是掌握的信息不及我多，要么就是没有向我转达副总裁分派这项任务的目的"。

还有一位消费品公司的经理，她接到工作任务后总会询问这项任务的最终目的以及对结果的要求标准。例如，其公司的 CEO 制定了一项全面战略，为了快速占领印度市场，公司需要创新一系列本土品牌。这位经理预料到这一战略将需要大量的设计和管理工作，于是就向 CEO 提问，这个做法能带来多少收益，是否值得如此劳师动众？CEO 起初很恼火，但他还是指派了一个人，对"消费者不熟悉的本土品牌"与"消费者熟悉的国际品牌"这两个选项进行潜在优势的量化分析。分析的结果是这一战略优势并不明显，因此这一计划最终被取消了。

"以这种方式追问一两分钟，虽然会让领导措手不及，甚至恼怒起来，"这位经理说，"但从长远来看，我可能因这一两分钟而省去了全组人一年无意义的辛苦，我只是想了解清楚我的团队应该做些什么，时间要求是什么而已。不过，我必须在对方提出要求的当口立刻抓住机会提问。"

如果你是一位领导者，你就要对自己和团队的目标、能力和兴趣保持坦诚、透明的态度，同时还要对你已有的工作量直言不讳。通常，对方在提出要求时不会考虑完成工作所需的时间。如果你的团队正在处理多项任务，请将这些任务写在白板上，然后按照优先级排序，弄清楚你的团队可以承受的工作量限度。

当利益相关方了解了你的目标、能力、兴趣和工作量后，请他们综合考虑这些因素并明确优先事项。你可以敦促其阐明真实需求，看看是否可以通过沟通和调整将需求合并，你也可以利用会议或投票等工具使需求方的意见达成一致。

自我定位，参加能提升你独特价值的合作工作

你要积极寻找一些"非你不可"的合作工作，无论是出于你的特殊才能还是出于你的兴趣。奥德丽是一家女装零售企业的经理，公司大力推行线上推广活动，但反响平平。奥德丽的工作是美国东南地区几家专卖店的管理，她在硕士研究生阶段学的是市场营销专业，尽管她没有继续攻读博士学位，却曾师从一位在线上客户关系管理领域很有造诣的学者，掌握了很多相关知识。奥德丽能看出公司并没有真正理解客户关系管理（Customer Relationship Management，CRM）的内涵，顾客希望专卖店能满足其感性需求，比如认真听取顾客反馈，诚心以待，尊重客户。

尽管她非常喜欢线下店面管理，喜欢与销售人员一起工作，喜欢与顾客面对面交谈，但她觉得自己能为公司作些特别的贡献，于是她写信给一位营销主管，提出了自己关于线上 CRM 的想法。尽管公司很久以后才认可奥德丽那些想法的价值，但她最终还是被调进了线上 CRM 团队。这就是为自己定位，参与能提升自己独特价值的合作工作的典型事例。

一次性的请求，一次性处理

有些一次性的请求要求你马上处理，但许多情况下，这种请求并不紧急，你可以把这类工作集中起来，在例行工作会议上一次性处理。组织这种例会，其实也是给团队成员创造相互帮助的机会，让与会者了解彼此的工作内容和知识技能，不要遇事就去问领导。减少不必要的一次性工作请

求，避免很多突如其来的干扰，有助于提高大家的合作效率。

但在召开例会时要注意不要跑题。如果你们每两周召开一次例会，一定要明确问题后再发言，只要所有问题都得到了解决，会议也应该提前结束。不要为了开会而开会，为了发言而发言。一定要把时间用在实处，用来提高大家的合作效率。

我之前说过要尽量减少不必要的会议，现在又说要定期召开例会，好像自相矛盾。但召开例会的真实意图是培养大家合作的意识。你可以让大家提前准备议题，发布到一个共享空间上。慢慢地大家就会在会议前一周开始合作解决要在会上提出的问题，在会议开始之前，大部分问题都已经得到解决。大家处理问题的能力在不断提升，如果所有问题都已提前解决，你可以取消会议，也可以利用这个时间鼓舞士气。

制定并不懈追求自己的北极星目标，决定了你是沉沦在庞杂的合作请求中，还是能清醒地规划自己的前进道路，北极星目标决定了你是被动防守还是主动进攻。

被动防守，意味着你总是随机处理他人请求，最终受制于合作需求。你会一直想着如何让别人满意，在意办公室政治。"被动防守可不行。"一位领导对我说，"你总是被动反应，生活在焦虑中。抽身的唯一方法就是搞清楚你自己是什么样的人，想做什么样的事，然后开辟出一条实现愿望的道路来。"

现在我们对思想观念和工作体系进行了分析，帮助你主动进攻，避免过度合作。但是在精要合作的过程中，合作者还会做一件事，就是精简合作工作。我将在下一章对此进行讨论。

推行有效的工作体系，避免工作压力

我们介绍了那么多缓解过度合作的系统性工作方法，但哪些方法对你来说更为重要？我把本章讨论过的所有方法都列在下面，并用第一人称进行描述，请将自己代入情境中，勾选出你认为对自己当下处境最有帮助的几项；再请一位非常了解你的人为你做出选择，选出他认为对你最有帮助的解决方案。

系统性实践：我很清楚自己想在工作中发挥哪些优势，想通过工作实现哪些价值，想过什么样的生活。正因为我清楚这些，我知道自己应该参与和应该拒绝哪些合作工作，应该让与我产生合作关系的人独立解决什么问题。

☐　你

☐　了解你的人

借鉴一下精要合作者的做法

要做更有意义的合作工作，得先想清楚自己能在工作中发挥什么优势，想通过工作实现什么价值，你的人生理想是什么。制定清晰的北极星目标，专注于自己真正关心的东西，不要受世俗社会所定义的成功影响。无论你的北极星目标是关于职业发展还是合理利用时间，一定要记得关心家人，锻炼身体，参加社区活动，通过进入不同的生活领域来缓解工作压力。

系统性实践：我积极发展对我的工作和生活都有帮助的合作关系。

☐　你

☐　了解你的人

借鉴一下精要合作者的做法

与其被动防御，受制于他人的合作需求，不如积极地发展合作关系，专注于自己计划深耕的领域。请你的熟人为你引荐，或者带着求同存异的目的向你不熟识的人求助，但要记得事后持续跟进。每次谈话结束时，你都可以询问对方，你还应该去找谁谈这件事，对方能否帮你引荐。

这么做的目的是展开对外联系，在公司内部开拓跨界合作的渠道，搭建资源更丰富、"脱离孤岛"的合作关系。这些对外联系能让你用不同视角看世界，你会因此而获得更大的影响力和能量，让你勇敢地拒绝无意义的合作请求。

系统性实践：我在工作日程表上留出了时间用来复盘和思考。

- ☐ 你
- ☐ 了解你的人

借鉴一下精要合作者的做法

充分利用工作日程表这个工具，无论是工作还是生活，要确保你参与的活动有助于实现你的北极星目标。安排活动时，要关注自己的动机及兴趣，将激发能量的活动与赋能不足的活动穿插进行，以保持自己的目标感和积极性。

确定优先事项，用以指导工作日程表中的安排，决定哪些会议必须参加，哪些则不用出席。

系统性实践：我的工作节奏掌握得很好。

- ☐ 你
- ☐ 了解你的人

借鉴一下精要合作者的做法

了解自己的工作节奏。与其对抗规律，不如顺势而为。回顾一下自己每天、每周的规律：什么时候工作状态最困顿，什么时间可以用来思考，这与你身体的能量和创造性波动的规律是否一致？

找到规律，重新安排工作日程表，把最充沛的精力放在最重要的工作上，那些日常琐事留到工作效率最低的时候去做。

系统性实践： 我调整了自己的工作内容，确保与我的北极星目标一致。

☐ 你

☐ 了解你的人

借鉴一下精要合作者的做法

根据自己的能力、兴趣以及目标调整工作内容。如果你是领导者，还要考虑整个团队的工作内容。你可以与团队成员谈话，了解他们每个人的目标和愿望。

确保工作内容是自己所擅长并有动力去做的。谈话后，制定团队的半年发展目标，然后围绕目标安排工作。

系统性实践： 我定期复盘工作日程表和电子邮件，以确定我需要参与哪些信息请求，哪些信息请求则可以交由他人负责，或者发布到网站上，通过修改工作流程更高效地解决问题。

☐ 你

☐ 了解你的人

借鉴一下精要合作者的做法

定期复盘你的合作请求，把那些无法增加职业发展价值的工作转交出去。长此以往，会对你提升合作效率产生重大影响。仔细查看你的工作日程表，看看哪些重复性活动可以交给别人来做，为他人提供成长的机会；看看有没有可以直接取消的活动，能否通过修改工作流程来提高效率。

别让合作压垮你
Beyond Collaboration Overload

认真思考决策的本质，尝试几种改变工作流程或者转移决策人的方案。

系统性实践：我积极管理他人对我职责的期待。

☐ 你

☐ 了解你的人

借鉴一下精要合作者的做法

这一条听起来与上文中的"我调整了自己的工作内容，确保与我的北极星目标一致"有点类似，但这一点强调的不是调整自己的工作内容，而是调整他人的期待。如果你知道自己要投入很多精力来完成一项任务，就应当主动管理他人对你的期待。坦诚地告知他人你手头的工作量，告知合作相关人员如果你没有及时回应合作请求，并不掺杂你个人的主观因素。

你也可以召开会议，说清楚请求的响应时间以及优先级指导方针。让大家协同合作，而不是一味地依赖你的建议来推进工作。在日常交流中，及时对合作人员提出表扬。将工作进行合理分配，并且避免人们总来向你求助。

系统性实践：我参与能增加自己独特价值的合作工作。

☐ 你

☐ 了解你的人

借鉴一下精要合作者的做法

完成合作请求和发展合作关系要同时推进。花些时间去了解你身边的合作关系中人们的专业特长，从而打开思路。把工作项目视为一项从选人的角度出发去完成的任务。及时了解他人的意愿，有的放矢地分配工作。将自己置身事外，只在需要你发挥个人独特价值时才介入。

尽早让其他参与者加入到工作中，尽早搭建合作关系，你才能及时从中抽身出来。

系统性实践： 一次性的请求，一次性处理。

☐　你

☐　了解你的人

借鉴一下精要合作者的做法

定期召开工作会议能减少不必要的一次性工作请求，避免很多突如其来的干扰，有助于提高大家的合作效率。根据工作节奏组织例会时，要确保大家围绕着核心目标和会议目的，专注于优先事项和方向性问题。会议的最后可以让大家言简意赅地分享一个收获和一个挑战。

利用一些合作工具，让大家把例会上要讨论的问题和挑战提前发布出来，然后充分利用会议时间专注于需要讨论的内容。

精要合作
Tips

1.　认清自己的前进方向、公司的发展方向，并且确保自己正朝着正确的方向前进，确保自己不会因为超负荷的合作工作，活成一只"土拨鼠"，每天都在同一个地方醒来。

2.　重新设定自己的决策范围，能够减轻自己的合作负担，同时也给予他人更大的自主权和参与感。

3.　不要刻意关注特定的工作职责，关注你自己真正在

别让合作压垮你
Beyond Collaboration Overload

意的东西，而不是这个社会或社交媒体所说的那些
重要的东西。

4. 在精力最充沛、创造力最丰富的时间段安排最重要
    的活动，精力不济的时间段用来处理那些寻常的事
    务性工作。

5. 转变思路，不要再把工作看作是别人强加给自己的
    一系列责任，不要以为你没有发言权，要开始主动
    理解和管理他人交给你任务时对你的期待。

Beyond Collaboration Overload

Beyond
Collaboration
Overload

第 5 章

方法 3，
改变行为习惯，
让无效合作自动消失

面对工作压力，从自己可以掌
控的事情着手，反客为主。

雷娜一早醒来元气满满，准备去上班。她是一家医药咨询公司的客户经理，这几天她的客户即将推出一款新药。这家制药公司的营销主管发来短信，告诉她今天上午 9 点要召开新药上市的启动会，对方要介绍这款药的基本情况以及接下来的上市计划。她刚起床，脑袋还有点懵，短信很长，她快速翻了翻，无法立刻吸收太多内容，不过她知道了对方的总体意图，她感到很兴奋。这是一款大家等待了多年的药，如今终于要上市了，每个人都很激动。

　　早餐时家里与往常一样乱糟糟的，不过她丈夫主动请缨为女儿们梳辫子，雷娜这才难得地准时出门。上班路上她接了个电话，对方询问她的创意部门有两位即将休产假的同事要如何安排工作，她圆满解决了这件事。还没进办公室就搞定一件事，这让她感觉不错，今天开了个好头。

　　她的助理早已到公司开始了忙碌的工作，她正一一通知受邀参加新药上市启动会的人准时出席会议。雷娜来到自己的办公桌前，打开电脑，把邮箱里无数封未读的邮件浏览了一遍，有很多消息要她处理，不过她现在没空理会。启动会还有 1 小时就开始了，她开始准备会议资料。如她所料，待她 9 点整走进会议室时，所有人都已经在大会议室等候了。

椭圆形会议桌周围已经摆满了椅子，她的助理在窗边和墙边都加了好几排椅子。雷娜听到有人在交头接耳，询问这是个什么会议："让我们来这里干吗？"

她不予理睬，径直走到靠近最前方屏幕的位置，检查技术人员是否已经接通了所有多媒体演示设备。会议室里还准备了糕点和水果，有人正在自取食用。

"有会议议程吗？"有人问她。

"没必要，"她回答，"我们就是说说这次新药上市的事情，会有几个人来介绍，我们顺其自然，听听什么情况。"

此时会议室里人满为患，有些人站在过道上，她让大家安静下来，然后开口说道："今天是个重要的日子。"她简单介绍了一下新药上市的相关情况，然后告诉大家制药公司的领导会通过视频作情况说明。

有几个人举起手来，问她能否概括一下这款新药特别的功效，并大致介绍一下市场计划。她承诺说这些问题在会议中都会有答案。然后她向大家介绍了制药公司的 CEO，他谈了谈自己对新产品抱有的期望。CEO 又向大家介绍了营销副总裁，由他介绍了营销计划。这时雷娜想到自己应该抽时间阅读一下副总裁当天凌晨发给她的那封长长的电子邮件，不过迟一点再看也无妨。接着，首席医疗官介绍了新药的药理机制，并播放了一个宣传视频。

时间过得很快，会议议程还没进行完毕，会议时间就到了。有几位同事提前悄悄离开了，大家都迫不及待地想离开，不约而同地簇拥着往门口走去，就好像下了课的高中生。视频会议结束时，大家都已陆续离开会议室，顺手拿走了最后几块点心。

"楼下还有一个会议需要您去参加，"雷娜的助理对她说，"就现在。"于是，雷娜转去另一个会场。她坐在会议室角落，开始查看邮件。她没去听大家讨论了什么，不过也没关系，因为她本不必出席这个会议。正如她经常说的那样，她不过是"代表市场部露个脸而已"。

她数了一下，收件箱里有 33 条未读邮件，她还看到手机里有 5 条短信要处理。她知道接下来的一整天都会如此。她在上班路上感受到的充沛精力正在被快速消耗，她很熟悉这种感觉，因为一到中午，她会察觉到自己濒临失控，而这种状态会一直持续到下班之前。下班之后，她老公便开始找她，母亲会打来电话说背痛，妹妹会打来电话拜托她什么事。不可避免地，她还得熬到深夜去处理工作上的事情。可这种忙乱的情况到底是怎么产生的呢？

用大量小举措抢回你的时间

雷娜的经历可能让你感同身受，我们的生活也是如此慌乱，每天都要应付庞杂的需求。

面对工作压力，人们很容易先从那些突发且易解决的事情入手，比如老板心血来潮的要求。但令你陷入困局的往往是你掌控范围内的小事情，不要过度消耗自己的心力，避免被琐事拖累得精疲力竭。从自己可以掌控的事情着手，反客为主。

我们可以采用一些方便的合作工具，只要规范地使用它们，便可以大幅度提升效率。比如雷娜就定下规矩，每次会议只安排45分钟，开会时一定要制定会议日程，要安排专人做会议纪要并于会后分发给与会者，每天有选择地删除20条请她解释事由的短信。另外她与团队还定下几条非常简单的标准，规定了每封邮件的长度和用途，这样不仅减少了邮件数量，也让邮件内容更加简练、直接，容易回复。

有人不以为然，认为这些小办法并不能彻底解决工作信息爆满的问题，总想把所有问题一网打尽。人们总在努力寻找一个漂亮、直达要害、一劳永逸的解决办法，然而却不愿尝试着先做出一点点改变，让局面渐渐变好。

人们不会想办法简化下属发来的电子邮件，因为人们觉得反正这办法也不适用于其他合作方发来的邮件。但是，世上没有什么一劳永逸的办法能解决所有问题，主动缓解工作压力是一场艰难的战斗，没有任何捷径，最终的胜利属于那些通过大量小举措不停抢夺时间的人。

假如雷娜一天要开5个会，每个会都缩短15分钟，她这一天就多了75分钟。如果回复每条短信需要1分钟（这里不算后续追踪这个任务的时间，这一点下文会谈到），删掉20条短信，就又省下来20分钟时间。如果少回复20封电子邮件，便又多出20分钟，再简化60封邮件便可能又省下30分钟。这样算下来，她每天都能找回145分钟。

因过多的会议、电子邮件、短信、电话等等导致的工作效率低下，其实只是个表面现象。我们每天都深受其害，而其背后包含着更深层次、更为紧要的问题：我们没有建立有效的互动规范，没有在组织内部形成高效合作的氛围。

从根本上讲，这是一个行为问题。是我们自己的行为导致互动过程中形成不健康的习惯，为工作压力创造了滋生环境。也因为这是一个行为问题，我们才可以改变它，不过我们必须积极主动，还要让合作方参与进来，与我们共同改变。

很多时间管理的书籍都在教我们独立解决问题，告诉我们如何变得更高效、更有条理。但这也意味着外界的需求会更快回流——若你条理清楚、执行力强，成为大家的崇拜对象，反而会让大家对你产生过度依赖的心理。

防止自己陷入精疲力竭的生活状态只需两步。第一步是提高工作效率；然而更重要的是第二步，要改变造成沟通效率低下的不良工作习惯。

我会分别介绍每个步骤的最佳实践方式，其中有些内容我在"如何摆脱过度合作"专栏中单独进行了详细介绍。

高效运用工具提高会议效率

　　大多数经理的工作日程表都像雷娜一样，每天从早到晚都有会议安排。但让人崩溃的不只是频繁的会议，还有筹备、组织与召开会议的方式。

专注于会议的预期成果，只保留核心内容，提高会议效率

　　上文雷娜的例子中就有很多需要我们引以为戒的事情。如果与会者提出诸如"这是什么会议？""为什么要我们参加这个会议？""有没有会议议程？"之类的问题，就是在向你发出警示。但雷娜从未向大家阐述过会议目的，也没有发出信息让参会者提前了解这款新药的相关情况。

　　雷娜说开会时大家自然可以了解情况，这又是另一个警示。这种想法在项目初期阶段可能有用，但没头没脑的会议召开得太频繁，组织者既不说清楚会议目的，也没有明确的议程，参会人员很快就会心不在焉。这是浪费大家的时间。接着，雷娜还去参加了一个根本不需要她出席的会议，浪费了自己的时间，而身在会场她却在处理电子邮件，又浪费了那次会议。

　　下面的"如何摆脱过度合作"专栏，介绍了精要合作者制定了哪些合理的工作规范，让自己在会前、会中和会后都有很高的效率。比如在开会之前，他们会问自己，我需要获取什么信息，我要通过这次会议达到什么目的。

高效的会议

召开会议，是人们在面临一系列合作工作时解决问题的首选方式。研究成果表明，通过会议对任务进行适当的协调和处理，会显著提高工作效率。在会议中进行这样的协调有很多办法，分成会前统筹、会中组织以及会后部署。

会前统筹部分需要注意以下几点：

- 突出重点，有的放矢。问问自己：我需要获取什么信息，为什么，我想通过这次会议达到什么目的？
- 说明会议目的，并阐明会议目标或预期成果。
- 公布会议议程、时间安排、参会者名单，提前告知大家你希望他们在会议中扮演什么角色。这里包括指定会议相关人员的职责：谁来做演讲，谁负责主持各话题的讨论等。把这些信息都公布在一个线上空间与大家共享。
- 尽量减小会议的规模。如果参会者人数众多，超出了可控范围，可细分成多个较小规模的分组会议，分别指定负责人来主持，再尽可能利用公共空间来共享分组会议信息。
- 跟与会议关联不大的人保持联系，让他们知道即使不到场也不会漏掉重要信息。
- 提前发送相关的会议资料，以便参会者能够在会上充分发言，同时提醒参会者事先阅读会议资料，为会议做好准备。

会中组织部分需要注意以下几点：

- 如果召开视频会议，请大家早几分钟上线，这样可以与其他人有所接触，就好像在走廊中碰到同事一样。这样可以让远程工作的同事感到亲近。
- 一定要遵守会议议程和会议目标。
- 会议开始后，如果有人没跟上会议进度，不要浪费时间解释。
- 要求人们集中注意力，不要私下处理电子邮件；如要发表意见，一定要简明扼要；如果他们同意此前的内容，就不必再发表意见，不要因为想在众人面前露脸而强行表态。
- 如果是视频会议，要求大家始终打开摄像头，即使是在主讲人共享屏幕时。主讲人看到其他参会者的肢体语言和手势，有利于互动交流，还能促进合作关系的建立。
- 遵守会议时间安排，尽量在计划时间内结束话题，不过同时也要在会议议程中留有余地，允许大家进行互动交流，这样有利于建立和谐的关系，让大家形成一个集体。
- 如果会上出现异议，应当制定提前规则，在何时以何种形式提出异议。应当明确会议中不允许私下争论。
- 保证会议内容简洁，不用盲目地遵守原来的时间计划，如果时间有富余，也不要故意拖延来填补时间。
- 提前 5 分钟结束会议，切勿拖延，重要的信息不要留在大家准备离开的时候才说。许多公司的会议场地十分灵活，比如在楼梯间或其他公共空间开会，规定在 20 分钟内必须结束会议，开会时禁止吃东西，甚至有公司要求大家站着开会。

别让合作压垮你
Beyond Collaboration Overload

会后部署部分需要注意以下几点：

- 会后给大家发送跟进邮件，列出会议达成的意见、集体的决议，以及下一步行动方案等。
- 向大家强化一个规则，如有人未能出席会议，他一定要想办法跟上进度，参加下一次会议时一定要了解上一次会议的相关内容。

通过上述一系列行动，他们明确了会议目的，公布会议议程，让大家明白自己在会议中扮演什么角色，并且把前期的一些会议材料发给大家以供参考。开会时，他们遵循既定的会议议程适时发言；会议结束后，也会发送关于会议的跟进邮件。

雷娜当时一厢情愿地认为自己组织的这场启动会非常成功，实际上整个会议过程非常糟糕，不仅浪费了大家的时间，还剥夺了核心团队讨论实质性问题及风险的机会。

有效使用电子邮件

雷娜在上午 10 点的会议上处理电子邮件时，点开了一个主题为"有几件事情需要讨论……拜托！！"的消息。邮件来自一位负责制药企业客户业务的同事，这个企业是公司的老客户，正面临着企业形象问题。邮件一开始就说："我知道您很忙，但您之前让我写电子邮件详细说明这个客户的情况，所以**请尽快回复**，因为我等着回复他们！！"

这位同事跟她交流时总是带着这样的语气。雷娜有点不快，不过她还是把情绪暂时按下，快速看完这封邮件。她知道如果现在不回复，他会催促她一整天，不停地给她打电话、发邮件。

这封邮件长篇累牍地分析了一番当前的状况，雷娜终于稍微理解了问题所在。这时候她的手机收到另一个人发来的短信，问她有没有看过他发来的电子邮件，内容是关于另一位客户的市场计划，情况也非常紧急。

雷娜不得不回想这件事。新的市场计划……"啊，对了！"她想起来是怎么回事了！这是一次针对医生的活动。这场活动是雷娜的提议，她特别高兴客户接受了她的想法，但这个活动为什么"非常紧急"呢？短信里没有说明，于是她回到收件箱去找那个人的电子邮件。她找到并打开了那封邮件，快速看了一下之后又关上了，因为情况根本没有短信里描述的那么紧急。

她把这件事放下的一刹那有点懵，想不起来之前自己在思考什么事情了。在她聚精会神时，如果中途被别的事情打断了，就无法回头继续做之前那件事了。有时候她为此感到十分沮丧，甚至开始担心是不是自己压力太大，还是她已经老了，难道是大脑出了什么问题？

研究人类思维的专家告诉雷娜，她的大脑没问题。而她遇到的情况，其实每个人都遇到过。在你处理一项复杂的任务时，你的大脑会自动生成图像、创建心理结构来帮助自己理解这些问题。这些心理结构就像写在烟雾上一样，转瞬即逝。如果你被中途打扰，心理结构会在你的脑海中短暂停留；如果你中断的时间太长，等你再想回过头来抓住它们，它们已经消散了。

别让合作压垮你
Beyond Collaboration Overload

雷娜在解决客户的问题时，她的脑海里便开始创建心理结构，而当她被另一件事情打断后，刚刚建立的心理结构就消失不见了，想要重新建立，又得从头再来。

电子邮件的灵活性导致其很容易打断人们的思路，因此我们经常受到电子邮件的干扰。不过还有很多东西也会打断人的思路，比如电话、短信、消防演习、新闻事件等，这些都会导致我们的工作节奏被打乱。如果一天中重复几次这样的情况，思路切换的成本也会不断上升。

自 19 世纪欧洲开始研究人类认知系统以来，中断科学（Interruption Science）经历了蓬勃的发展。与神经科学不同，认知系统科学家的研究重点不是大脑的物理硬件，而是大脑的软件，即思维和记忆是如何在大脑中传递的。

这一领域，因为美国的记忆研究员彼得森夫妇（Lloyd and Peggy Peterson）的贡献，在 20 世纪 50 年代向前迈进了一大步。抚养了 4 个孩子的彼得森夫妇在美国印第安纳大学任教，他们探索出一个实验方法，这个方法至今仍在临床研究中使用。他们先让实验对象记忆一串字母，再用其他事情打断他们的记忆，比如让实验对象倒数 3 个数，再问他们还能记得几个字母。实验发现，之前的记忆仅仅在 18 秒中断时间后就被抹去了。

21 世纪以来，由于数字化技术的发展，我们时刻处于"在线"状态，思路总是被打断，中断科学的研究项目也随之激增。在过去的几年时间里，两名法国研究员分析了心理结构的最新研究，他们称之为"认知结构"。他们观察一旦思路被打断，这些认知结构会出现什么变化。他们的研究成果表明，"超过 30 秒的中断就会彻底毁坏与主要任务有关的心理结构组件。一旦中断结束，必须全部重新激活这些心理结构组件才能恢复该任务。"

那么经过一次中断之后，我们需要多长时间才能重新确定方向，将之前的思路拼凑起来呢？加州大学尔湾分校的信息学教授格洛丽亚·马克（Gloria Mark）利用生物感测器和人种学技术对中断的影响进行了研究。她说，思路被打断后，"你的思路全部改变了……要重新回到原来的思路里，平均需要23分15秒"。通过练习，人们可以更好地适应思路中断，但这种适应是有代价的。她在一篇研究论文中提出：经常被打断思路的人"工作量更大、压力更大、挫折感和紧迫感更强烈，并且要付出更多努力"。他们感受到的压力对身体健康和工作表现都会带来极大的负面影响。

我们保守地假设一下，一天内让雷娜思路中断的所有干扰中，有3次是可以避免的，每一次思路中断都让她损失了23分15秒的恢复时间，总共便损失了1小时9分45秒。再加上她在会议和低效率沟通中浪费的145分钟，总共就是3小时34分45秒。仅仅在一天之内，她就浪费了这么多时间。

或许你认为这并不是她真实拥有的时间。可她正是因为浪费了这么多时间，才导致她每天都筋疲力尽。这本该是她用来进行战略性思考或与家人、朋友聚会的时间，现在却用来处理邮件。长此以往，持续不断的干扰导致思路中断后思维的频繁切换，只能给我们带来破坏性的影响。只有认清以上事实，我们才能用全新的方式管理我们的行为。

多项调查结果都显示，电子邮件是导致过度合作的主要因素之一。但问题的核心并非电子邮件技术本身，而是我们一直以来使用电子邮件的习惯。

精要合作者的成功之道在于他们认识到了这一点，并在自己的合作关系中建立了规范。

别让合作压垮你
Beyond Collaboration Overload

采用高效的电子邮件规范

上文中那位在邮件中使用多重感叹号和加重字体的同事直接反映出雷娜未能建立起有效的电子邮件规范："您让我写电子邮件详细说明这位客户的情况。"雷娜明确地让别人用电子邮件来描述具体工作细节，而不是通过面对面讨论确认具体事宜。

电子邮件当然是个方便沟通的工具，通过电子邮件你可以跨越部门、层级、空间联系到很多人。但是正因其强大的功能，电子邮件也迅速成为过度合作、推诿扯皮，导致员工士气不振的重要原因。每个人每天都接收到无数信息，数量之大、种类之多，让人不堪重负。而这种负担除了接收信息的人，别人都看不到。也因为邮件的沟通往来是永无止境的，导致我们在思考和回复对方的问题时，要比直接面谈消耗更多的时间和精力。

电子邮件中无法展现肢体语言，也无法体现语音沟通时语气的微妙，人们总会对电子邮件的语气产生错误判断，这就会给人带来额外的工作。如果人们使用电子邮件来避免当面的冲突，问题会更加严重。分歧出现时，电子邮件能让人感觉更缓和，但打电话或面对面讨论一定是更高效和更直接的方式。另外，我们越来越依赖移动设备办公，电子邮件也随时随地跟着我们，导致我们经常在深夜、清晨、度假时都在回复邮件。

精要合作者明白如何正确使用电子邮件。为了减少合作时间，他们为自己制定了行为准则，并在团队中建立电子邮件使用的规范。这些准则可分为3类：电子邮件的格式和管理，电子邮件的用途，限制电子邮件干扰的方法。这些准则对邮件的长度做出规定，因为精要合作者不会浪费时间写冗长的消息，面对消息，对方要么一定会回复，要么根本不会看。他们会要求使用带项目符号的大纲结构，创建一目了然的邮件主题，并规定合理的回复时限。

高效使用电子邮件

电子邮件是工作中信息交流的首选工具，健康的电子邮件使用规范分为 3 类：电子邮件的格式和管理，电子邮件的用途，限制电子邮件干扰的方法。

电子邮件的格式和管理：

- 规定电子邮件的最大长度。一旦发现邮件过长，就要通过电话、面对面交流或一份经过深思熟虑的书面声明来表达自己的想法，以便收件人能够留出时间认真对待。
- 不要长篇累牍地罗列全文，可以使用带项目符号的大纲结构。
- 邮件的前三句话一定要说清楚你写邮件的目的，正如一家跨国公司的高层领导者曾说："先告诉我你的中心思想。"如果邮件表述不清楚，就该采用其他沟通方式。
- 利用邮件主题栏来传递你期望得到的答复，例如是否需要立刻采取行动或仅供对方参考，还要在主题栏中写明你期望的回复时间。

电子邮件的用途：

- 限制电子邮件的数量。如果来回两封电子邮件仍无法就特定议题达成一致，就请换成其他更有效的沟通方式，以避免造成混乱、引发误解。表述清楚你的建议，减少多余的跟进邮件。

- 取消不必要的抄送和无针对性的邮件。如果你不知道别人会如何使用这些信息，可以把这个人从名单中剔除。
- 使用邮件分类和归档的办法，比如将抄送或密件抄送的电子邮件用颜色标注，以便查看；挑出那些回复之后仍需要跟进的邮件，放入一个动态文件夹，以便稍后查看；制定邮件转发的规则，把特定发件人的电子邮件直接转发给相关人员；必要时可以使用"不在办公室"或"稍后回复"的自动回复功能，为自己争取时间。
- 表扬高效使用电子邮件的行为，呼吁大家遵守这些使用规范。
- 如果你在清晨、深夜或周末发送电子邮件，就相当于向团队传递了不健康的信息。如果你只能在下班时间写电子邮件，请使用延迟发送功能，在恰当的工作时间发送，这样就不会形成"时刻待命"的氛围，让人感到压力。
- 制定合理的响应时限。快速响应并不等同于努力工作，否则会让一个群体陷入混乱。制定合理的响应时限，也是因为要求员工在不合理的时间查看电子邮件本身就不合理。

限制邮件干扰的方法：

- 建立一个时间使用规则，留出特定的时间来查看电子邮件，比如每天上午 8 点和下午 4 点；其他时间都将邮件通知关闭。

- 抵制诱惑，不要不停地查看电子邮件的更新。
- 抑制冲动，不要立即查看新弹出的手机信息。
- 规定什么情况下才可在邮件主题一栏中使用"请阅读！！！"和"急！！！"等干扰思路的句式。

　　雷娜没有意识到自己默许他人使用不规范的电子邮件在无形中给大家带来了负面影响。她已经习惯了自己消化这些效率低下的邮件，她并不知道，每天仅仅删掉 20 封和精简 60 封电子邮件，就可以让她在繁忙的一天中节省近 1 小时。她并不觉得自己有必要改变电子邮件效率低下的相关行为，也不觉得应该改变自身的行为习惯，改善效率低下的状况。

　　雷娜的低效率行为还贯彻在处理手机短信以及电话交流等事务中。她经常把各种效率低下的工作方式搅在一起，就像她之前一边开会，一边盯着手机查邮件、看短信，还分出精力来一一回复。

即时通讯和富媒体

　　与电子邮件一样，即时通讯和视频工具的使用同样对合作效率有很大影响。

针对已建立合作关系的人，使用即时通讯工具可提高沟通效率

　　一旦建立了合作联系，Slack、微信等即时通讯软件和平台都是有效的沟通工具，可以进行快速的业务信息交流。即时通讯工具在非正式沟通时也能很好地发挥作用，甚至成为第一联络方式，比如跟对方约定见面时间时，可以发个消息，而不用打电话去问。

但是，微信等即时通讯工具很容易中断思路、制造混乱。记住，你无须立刻回复所有微信信息，你在开会或交流时，可以不去理会它们。另外，不要长时间在微信上沟通事情，如果发了三四条信息仍不能解决问题，就请打个电话吧。

利用富媒体和合作工具，为线上的合作工作提供支持

精要的合作者不会过度依赖电子邮件，他们会利用视频通话、电话和文档共享应用程序之间功能的细微不同来获取更全面的信息。他们会很快在自己的合作关系中建立规范，包括以下内容：

1. 沟通方式的格式规范，如文字长度、要点、主题行要明确期望得到的答复；
2. 仅在信息交流或记录已经达成一致意见时才使用电子邮件，不通过邮件来解决冲突；
3. 如果邮件互动超过两轮还未达成一致意见，就改用更直接的沟通媒介，比如电话或视频通话；
4. 利用即时通讯等非正式沟通渠道来促进团队成员之间的连接；
5. 使用微信等工具，借助于表情符号和轻松随意的交流语言，模拟面对面交流的效果。

尽管这些技术也会有使用不当的风险，但可以通过这些技术实现跨区域、跨部门的人际连接，整合不同成员的专业知识，好处也是巨大的。精要合作者善于使用多种合作工具，在正确的时间、用正确的方式来完成不同需求的合作。

例如利用线上空间，在团队中共享信息。大家建立起易于访问的公共

资料库，把项目的历史记录、行动清单、财务数据、调查报告、参与人员的履历以及预期结果等文档上传到这里。每位团队成员都能看到相互关联的重要节点，找到项目的关键信息。也可以创建"工作手册"之类的文档，列出团队的使命和目标、重要事项、人员职责等。项目参与者可以打开文档，查看每名成员的工作如何推动团队达成使命和目标。

为了更好地了解推动互动规范形成的行为，我们需要先关注另一个问题：树立使命感，教会别人合理利用与我合作的时间，建立信任。

创建有效的互动规范，别让合作变成打扰

我们再来看斯科特的故事。在情况最糟糕的时候，一个部门中平均每天有 118 个人来找他了解大大小小的事情，而这一数字本应减少很多。有 78 人表示，如果斯科特无法给他们多分配时间，他们就无法完成自己的工作。造成斯科特工作压力如此巨大的原因，正是他自己的行为习惯。

但斯科特最终还是走了出来，成长为精要合作的践行者。他让我看到了什么是真正卓越的合作。他反思了自己的行为，懂得了该如何避免超负荷工作。我接触到的成功人士有很多，斯科特只是其中之一，他们的成功经验告诉我们，我们不应该将自己的想法强加于人，更不能强制他人提供帮助，而应该坚持以下做法。

吸引他人主动合作

这一点需要综合考虑，精要合作者之所以希望吸引他人主动加入与自己的合作关系，是因为知道自己的能力有限，他们知道自己的知识盲区。

斯科特面临超负荷工作时，也会意识到自己需要求助于他人，但他只能临时抱佛脚、慌慌张张地四处寻找合适的人，然后硬着头皮要求对方提供帮助。

这种行为不可避免地令人感到不悦。在斯科特利用个人魅力或权力强行命令别人提供帮助时，对方也会帮忙，只不过是勉强听命而已，有时也会碰到硬钉子。

如今斯科特的做法与之前大有不同。他经常认真地找出自己不甚熟悉的领域，琢磨谁能给自己的工作提供支持，然后去向他们请教。他不会直接要求对方来帮助自己，而是想办法吸引他们参与。他学会了创造合适的机会，让对方感到有面子，也让对方因工作被认可而感到高兴。

斯科特采取了先付出的做法，努力与他人建立联系，积极提供资源，也不期待立刻得到回报。正如当他了解到公司地处加拿大的一个部门反复出现一个 IT 问题时，他没有过多亲自参与，而是从一个美国公司的部门找来一位 IT 高手解决了这个技术问题。依赖于这件事建立起的人际关系，后来他得到了负责扩大加拿大业务项目的机会。有一次他召集项目组开会，研究如何管理借记卡的支付流程。这种借记卡在加拿大很常见，在美国却不常见。会议一开始，他抛出了一些基础性问题："这种借记卡是否值得推广，是否值得我们花费时间和精力？"接着他让大家聊聊这个项目哪里最有意思，项目组成员一一说出自己对项目的兴趣点，最后他询问自己应该如何配合项目成员。他还点名让几个沉默寡言的人发言，确保每个人都有表达的机会。最后大家一起展望未来，共同期待项目的完美呈现。

斯科特的行为极大地鼓舞了身边的同事，大家都积极主动地付出时间和心力。如今，若工作再出现紧急情况，斯科特不用硬着头皮求人来帮忙了。他自己能在工作中感受到变化，他的同事也都被他感染，心甘情愿地主动配合他，迸发出更多创造力。他们不再事事向他请示，也不再等到他的同意才进行下一阶段的工作了。

我将在后文进一步讨论这方面内容，毋庸置疑，这是精要合作者在合作中与他人的最大区别。

改变自己的行为，教会别人如何利用与你合作的时间

斯科特很快找出了导致自己效率低下的症结，并迅速做出改变。比如，他注意到大家喜欢让他去参加很多会议，会议时间总是很长，其实有些会议他根本没有必要参加。还有很多人喜欢给他发无数封邮件。而他多年来竟然一直在容忍，甚至鼓励这些行为，就像雷娜一样。另外他还默许那些性格外向，擅于言谈的人占用自己很多时间，把工作交流变成了社交活动。

他还发现，由于自己的介入，他的下属无法发挥个人才能，只是勉强完成任务，这不是他们应有的水平。

深度理解合作　　　　　　　　Beyond Collaboration Overload

在当今的职场，人们的工作互相关联，任何细微的对工作的限制行为都会造成很大影响。如果一个人在一个项目上有所保留，接下来的人就需要多花 5% 的时间才能完成工作，看起来这种影响微乎其微，但假如你同时参与的 5 个项目都是如此，你就增加了 25% 的工作时间。

别让合作压垮你
Beyond Collaboration Overload

起初，斯科特认为这种状况无法改变。没有人能做到在不冒犯他人的情况下，共同提高大家的工作效率，进而提高工作水准。但后来，他只是巧妙地改变了一些做法，跟大家说清楚了自己的期望，并没有冒犯到任何人。他只是告诉大家，表达观点应该言简意赅，大家应该合理地占用他的时间，限制时长，直击要害，并事先说清楚找他的目的。

　　这一小小的举动就让他避免卷入很多无关紧要的事务中，他周围的人都知道应该合理占用他的时间了。

为合作任务设置适当的时间

　　回想一下你的日常工作，当有人来问你是否有时间时，如果你回答"是"，你将自然而然地被占用很多时间。日历软件默认帮你以半小时为单位安排工作，你也因此被强化了以半小时为单位安排工作的习惯，但你的时间并不一定要这样分配。

　　精要合作者会根据实际需要仔细分配时间，以减轻自己的压力。为了提高合作效率，他们有时还会采取强制措施压缩会议时间。

　　这就不仅涉及安排工作日程表的方法了，更关乎我们对时间分配的策略。精要合作者自己的时间分配策略不会因为他人而妥协。

　　你可以试着建立一个规则，把你参加的会议时间全部缩短50%。如果你能做到这一点，就能省下大把时间，并且不会产生不良后果。作为我研究对象的一位资深领导者将这个规则用到了极致，他管理着14 000人的部门，他把部门里所有例会都缩短了一半时长，把省下来的时间作为送给员工的假期。他笑着对我说："这 14 000 人中没有一个人跟我抱怨会议时间太短。"

然而，有时候会议时间长些更好。在一个项目的初始阶段，或一个松散的团队即将处理一项困难任务等特定情况下，应当考虑延长会议时间或增加会议频率，以增强团队凝聚力。在这种情况下，大家一起花时间深入讨论出的解决方案，要比召开多次短会拼凑出的结论更加完善和高效。

信任是精要合作的基础

我们分析低谷时期的斯科特时提到过一些令人惊讶的数字，这说明他的团队成员习惯于不停地向他汇报。征求意见和寻求批复的同事不间断地打扰他。出现这种局面的原因有很多，而造成这种常态化工作习惯的主要原因是他出现过一次失误。

我们再看尤尔根的例子，他并不是一个凶神恶煞的经理，相反，他是个擅于言谈、平易近人的领导。他喜欢与下属打成一片，每到周五下班后，他经常与同事一起去公司附近的酒吧喝酒。但是一件发生在他与卡伦、阿南德和塞思几位同事身上的事情，却打破了团队的和谐氛围。

那时公司刚刚被一家食品饮料巨头收购，公司领导层进行了更新，尤尔根还不太适应。卡伦、阿南德和塞思三人当时经常单独聚在一起，探讨一种冷冻食品的新型环保包装材料。一家电台偶然间听说了他们的项目，于是三人在未经尤尔根允许的情况下接受了电台的采访。

这本来不是什么大事，可是碰巧当时集团总公司在德国卷入了一场与类似的包装材料有关的诉讼，有人指控称这种材料会对孕妇的健康构成威胁。集团总公司中有人听到了电台节目，CEO震怒，打电话斥责了周末正在休息的尤尔根。

从此以后，尤尔根非常关注每个人的工作细节，尤其是卡伦、阿南德和塞思三人。时间一久，他对三人也失去了耐心。这三人曾经春风得意，经过这件事，他们集体"失宠"，交给他们的工作也逐渐边缘化。卡伦和阿南德辞职了，塞思尽管仍留在公司，存在感也逐渐减弱。

这个三人小组曾经很受欢迎，他们曾是公司里最有创造力、思维最活跃的三人。卡伦和阿南德离职后仍与前同事保持着联系，所以大家都知道他们辞职后经历了怎样的一番艰难困苦。

这件事给尤尔根团队带来很大影响，大家得出一个教训：不要擅自行动，做任何事之前都要向尤尔根请示。很快尤尔根和整个团队就乱成一团，每个人都有一堆待批准的请求，无端多出一大批工作备忘和汇报会，大家都陷入了过度合作。

深度理解合作　　　　　　　　　Beyond Collaboration Overload

在现实的职场中，因一点小事处理得不好而营造出恐慌气氛的事例屡见不鲜。员工会在领导的语气或肢体语言中感受到失望，会因领导就某个小问题提醒他们应该事先请示或因绩效考核时领导指出某个不尽人意的小事而逐渐在心理上失去安全感，最后导致合作效率大幅度下降。

这个问题的根源在于信任缺失。团队成员认为作为经理的尤尔根不信任自己，反过来，他们也不再相信尤尔根会公正客观地行事，更别提在遇到问题时挺身而出。

建立信任

你不希望同事消极怠工，无法独立完成任务，也不希望大家都来向你请示，让你焦头烂额，乱成一团；你希望他们有冒险精神，胆大心细。正是这样的希望促使高效的合作氛围得以形成。

建立信任说起来简单，却并不容易，需要花费很多时间和精力。好不容易建立起的信任还很容易被破坏，一个动作、一个眼神都能让人随时随地丧失信任，只要一次失误，就可以让你前功尽弃。

首先，你必须用实际行动向大家证明你是有原则的，比如员工利益和公司利益大于你个人的利益。这也要求你要为你的员工出头，可是尤尔根没有做到，他没有为那三位有创造力、思维活跃的员工据理力争。另外，你也不要显摆自己的特长，要抑制介入他人工作的冲动，最好让大家独立解决问题，在发现错误的过程中建立起责任感。

你必须放下虚伪，只有真诚对人才能赢得他人的信任。然而，真实并不意味着当你的下属让你失望时你可以把对他们的真实感受脱口而出。

将心比心，想象一下当你听到坏消息时、遇到挫折时会有什么反应。领导们都知道发脾气是不对的，但他们不知道，类似于两肩突然下垂、面色阴沉、提出攻击性问题等微妙的反应跟发脾气具备同样的效果，都是在警告人们以后再也不要冒险了。如果你自己感到沮丧，不要用任何方式把情绪发泄在别人身上。你的员工会密切留意你的一举一动，他们极其敏锐，还会在私下里迅速扩散自己的所见、所闻、所感。

如果你不同意他人的做法，必须清楚地表明态度，一味地赞同并不会让人信任你，因为大家都知道，管理者需要适时地发出严厉而坚定的信息。不过，在表达不同意见时，不要让人觉得你在攻击他，将"这是个坏主意"换个说法，比如"考虑到我们的目标，我还有另一个办法"。

本书从开始到这里，我们涉及了很多内容。在第 2 章，我介绍了一个循环图，我们已经讨论了这个图的左半部分内容，即如何通过改变我们的思想观念、工作方式以及行为习惯来摆脱过度合作。

遵照前文中的所有知识以及"如何摆脱过度合作"中的具体说明，你现在可以节约很多时间。改变自己，做一名精要合作者，你可以节约18%～24%的时间，相当于每周都多出一天。这个数字是我们将精要合作者与普通人进行比较得出的，我们甚至没有使用低效合作者的数据，而是只考虑从平均效率水平提高到最高效率水平，你能节约多少时间。

现在你已经学会了使用工具，提升了自己的合作效率，重新获得大把的时间。那么接下来呢？这就是我要在后文回答的问题。

Beyond Collaboration
Overload
学会精要合作

改变行为习惯，避免过度合作

跟前几章一样，我总结了本章中讨论的所有情形，并用第一人称进行描述，以便你将自己代入情境。勾选出你认为对自己最有帮助的一种或两种方法，再请一位非常了解你的人为你做出选择，选出他认为对你最有帮助的描述。

合作实践： 我的会议强调成果，只邀请必要的人参会，会议的组织和召开都追求高效率。

□　你

□　了解你的人

建议采用的工作方法

制定合理的会前、会中、会后的工作规范，其中要包括：设定会议的预期成果；提前发布会议信息，以便使参会者各司其职；利用合适的手段组织会议，比如制定会议议程和时间表，以确保会议目标的达成；会后发送跟进邮件，列出会议中的集体决议以及下一步行动布置。

合作实践： 我写的电子邮件简洁明了，我还鼓励大家制定高效的电子邮件使用规范。

□　你

□　了解你的人

建议采用的工作方法

加倍留意电子邮件的格式和管理、电子邮件的用途以及限制邮件干扰的方法。例如，规定邮件的最大长度；说清楚写电子邮件的目的；取消不必要的抄送；避免在下班时间发送电子邮件；制定合理的响应时间。

合作实践： 我使用即时通讯软件来提高与已建立合作关系的人的互动效率。

别让合作压垮你
Beyond Collaboration Overload

□　你

□　了解你的人

建议采用的工作方法

使用即时通讯工具快速地传播和收集信息，进行互动，与对方约定时间。但要注意在开会或与人交谈时要忽略即时通讯的信息，集中注意力，不要制造额外的合作需求。

合作实践：我支持使用富媒体（例如视频和音频）等合作工具，为线上的合作工作提供支持。

□　你

□　了解你的人

建议采用的工作方法

使用视频会议或其他更丰富的通信技术来进行头脑风暴、汇总观点、统一意见等工作。使用支持屏幕共享或文档共享的沟通工具。

合作实践：我让对方感到有面子，我树立共同的目标，合理分配工作责任，激发人们对工作成果的目标感，吸引人们参与到与我的合作工作中。

□　你

□　了解你的人

建议采用的工作方法

与有影响力的人共同创造，邀请你工作成果的受益者，广泛寻求支持者。在日常的互动中主动付出，积累与他人的互惠合作经验，以建立信任。

合作实践：我改变了自己的行为习惯，教会别人如何合理地占用我的时间，不让效率低下的工作习惯持续发展。

☐ 你

☐ 了解你的人

建议采用的工作方法

采用强行终止的办法，教会他人如何合理地占用你有限的时间和精力。为团队成员提供适当的资源和指导，但不让自己成为那个知道所有"正确答案"和"正确做事方式"的人。指导大家如何向你寻求帮助，征求意见。

合作实践：我为合作任务合理分配时间，不会刻板地将时间分割成一小时或半小时。

☐ 你

☐ 了解你的人

建议采用的工作方法

自己的时间分配策略不要因为他人而妥协。把会议时间强行缩短 50% 可让你节约大把时间，切勿因为时间未到而故意拖延。

合作实践：我努力营造相互信任的氛围，大家不用过多征求我的意见，也不用事事都获得我的批准。

☐ 你

☐ 了解你的人

建议采用的工作方法

向大家表明你坚持的原则和态度；鼓励他人自行解决问题，帮助其建立责任感；坚信每个人都会谨慎行事、言出必行、勇于担责、互帮互助。

将提高效率作为精要合作的目的

本书在前文中揭示了过度合作常常引发的隐性失败。当人们陷入过度合作的困境时，就难以用最有成效的方式与他人互动，无法采取对自己的职业生涯、工作组织乃至整个世界产生深远影响的大胆创新和行动。

我们还讲到了借鉴精要合作者的经验，教你用 3 种方法摆脱过度合作：摆脱诱因，重新认知自己的角色；重建合作体系，提高合作的"门槛"；改变行为习惯，让无效合作自动消失。此外，通过改变思想观念、推行有效的工作体系、改变行为习惯，可以找回 18% ~ 24% 的合作时间，为自己构建起一个保护自身免受过度合作影响的安全区。这些实践构成了我在第 2 章介绍的无限循环图的左半部分。

创造积极向上的合作氛围，参加有助于修养身心的合作活动。

当你成功地为自己赢得了宝贵的时间后，你就踏上了精要合作的道路。精要合作不仅是为了节省时间，更是以提高效率为目的。我见过许多人在减轻了过度合作的负担后，又增加了更多的会议、电子邮件和繁忙的活动。尽管他们一开始的方法是对的，但最终他们偏离了精要的正轨，要么回到了起点，要么出现了新的问题，这些问题同样对他们的职业生涯和生活造成了破坏。

常见的陷阱之一是精要瓶颈。这种情况经常发生在那些克服了过度合作的人身上，他们利用新获得的时间和精力去帮助他人，参与更多的决策。尽管他们可能有积极的意图，比如享受成就感，或者避免了不确定性，但这些意图又再一次成为精要合作的阻碍点。他们深度参与到每一个决策中，并最终剥夺了员工面对挑战和成长的机会。

还有一些人，尽管他的出发点是好的，却变成了所谓的有偏见的学习者、脱节的领导者或形式主义者。

有偏见的学习者，其学习和决策会受其他人，比如那些有相似背景或共同价值观的人过度影响。当成功人士晋升时，他们仍然倾向于向他们信任的 60% ～ 70% 的联系人寻求头脑风暴或测试想法。信任固然是好事，但这种信任在新环境中往往变得脆弱。

脱节的领导者试图在面对实际需要解决的知识空白和技能缺陷时，展现出富有学识、决策果断的形象。成功人士往往面临许多挑战，比如晋升、担任新角色或在其擅长的专业知识领域建立副业，通常没有时间来发展所需的新技能。在试图塑造自身的形象时，脱节的领导者不承认自己的不足，因此未能通过合作关系弥补技能上的不足。

形式主义者则从等级制度的视角看待他们的合作关系。在试图遵循组织规则时，他们过于依赖正式结构作为工作的蓝图。他们没有意识到正式组织结构图上的线和框可能会掩盖或扭曲背后的合作关系，而那些才是真正的执行力量。这种短视对基层员工的影响十分大，导致他们未能理解或利用合作关系的力量，结果错过了重要的影响力杠杆。

避免这些陷阱并实现影响力的关键在于你如何利用摆脱过度合作后的自由时间。你在前文中学到的内容，为你构建了一个保护自身免受过度合作影响的安全区，并给了你找回合作时间的宝贵机会。你将如何更好地利用这份自由时间？你将如何最大程度地实现自己的影响力？

当你为自己赢得了宝贵的时间后，成功的关键是将注意力转向有助于你实现更高绩效、创造更大影响力和更好福祉的合作关系。这是战斗的另

别让合作压垮你
Beyond Collaboration Overload

一半，也是无限循环的另一半。

正如你在第三部分中将看到的，无限循环图右半部分的最佳实践方法将教会你如何把时间用在提高业绩和提升幸福感的事情上，为你带来声誉资本，让更多积极的事物流向你。无限循环图右半部分的内容能指导你进一步减少过度合作，这也是图的两侧相辅相成的原因。

请跟随我一起进入循环的下一个阶段，学习如何利用你的合作关系实现更有价值的目标，以一种可持续的方式为他人、组织和自己做出贡献。

精要合作
Tips

1. 困住你的，往往是那些自己能掌控的小事情，不要让这些事过度消耗自己的心力，避免自己陷入遍体鳞伤、精力衰竭的被动局面。从自己可以掌控、能够影响的事情着手，主动进攻。

2. 让无效合作自动消失只需要两步，一是提高工作效率，二是改变造成沟通效率低下的不良工作习惯。

3. 根据真正的需求仔细分配与他人互动交流的时间，从而减轻自己的时间压力。

Beyond Collaboration Overload

Beyond
Collaboration
Overload

第三部分

善用找回的 24% 的自由时间

Beyond
Collaboration
Overload

第 6 章

构建多样性人际关系网络

精要合作者愿意承认自己的不足，主动借助外力来填补知识和技能上的空白。

"合作关系在这家公司的受重视程度比我以前工作过的任何公司都要高。"一家世界上受欢迎的消费品公司的总裁很自豪地对我说，"如果你在我们公司工作，却不清楚这一点，那么无论你有多聪明，取得过什么成就，都无法在公司里立足。"

我专门研究合作关系，听到他这么说，我很兴奋。我知道，认识到合作关系的重要性是理解高效合作的关键，本书在前文中讨论了这个问题。我觉得我碰到了一位志同道合的朋友，他还是一位极具影响力的业界名人，并且他即将在一家巨头企业推行合作关系的发展理念。

"太好了！"我回答，"你们都做了哪些事情来帮助大家建立科学的合作关系？"

"从员工入职第一天起，公司就鼓励大家适应这种文化。"这位高管说，"公司领导们会在每一场入职培训上发表讲话，告诉大家建立广泛合作关系的重要性。公司还会举办一系列社交活动，让新员工有机会结识同事，方便交流。另外，公司还鼓励大家加入各种团体，积极参加社团活动。"

我面带微笑地倾听着，心中隐隐浮起担忧的情绪：这可不是帮助员工学习精要合作者建立合作关系的做法啊。这是鲁莽蛮干，相当于只告诉大家攻下那个堡垒，却不告诉大家方法，然后就说："去吧，祝你们好运。"

这不是我遇到的第一家无法领会合作关系奥义的公司。就在一周前，我从一家国际保险公司也听到过类似的事。几个月前，我在一家行业领先的软件公司和一家专业服务型机构也听说过类似的事情。每年我都会经历30多次这样的场景，总有领导表示自己已经认识到合作关系对事业成功起到的关键性作用，但他们却不清楚良好的合作关系是如何呈现的，更没有告诉大家如何建立正确的合作关系。

不仅企业没有把这个问题描述清楚，在现今的网络社交平台上，也总有人倡导人们快速地与某类人群建立联系、展开合作，弄得人们头昏脑涨，然而良好的合作关系究竟是什么样子的呢？精要合作者是怎么做的？与那些总是遇到麻烦，频繁跳槽的人相比，那些深耕于工作岗位多年的资深人士采取了什么与众不同的合作策略？能在工作中保持积极状态的人又是如何处理合作关系的？

要想回答这些问题，我们先来了解社会学家罗恩·伯特（Ron Burt）的创新性研究。伯特的研究成果表明：拥有"非孤岛型合作关系"的人更容易取得成功，因为这些人能包容多元的观点、价值观，愿意接受更多专业知识。他们掌握结构多样的合作关系，能够将不同专业领域、文化背景、地理区域、职责范围以及思想观念等要素连接起来。他们乐于与各种各样的人打交道，这让他们得以运用更新颖的眼光看待问题，更容易发现机会。

伯特的研究成果还表明，建立这类合作关系的人晋升得更快，更能获得高薪酬，事业发展的灵活性也更大。我本人在"互联公地"联盟接触到数百家公司，发现建立了"非孤岛型合作关系"的人通常能取得更出色的个人业绩。

我们可以用一张图来解释这个概念，比如我们用凯文·贝肯（Kevin Bacon）的六度空间理论将贝肯与金·凯瑞（Jim Carrey）这两位美国著名演员进行比较（见图 6-1）。贝肯在电影界拥有非常广泛的人脉关系，一是因为他参演的电影数量众多，二是因为他参演的电影类型众多。金·凯瑞与大多数其他演员一样，基本只参演一两种类型的电影，而贝肯则成为联结/连接不同电影类型的中间环节，因此他成了电影业合作关系的核心。

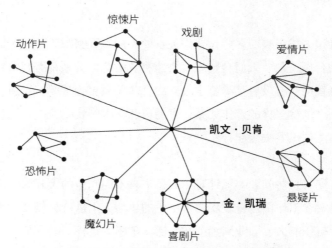

图 6-1　"非孤岛"与"孤岛型"合作关系对比

资料来源：与研究人员韦恩·贝克讨论后形成图示。

我们不是要评论贝肯是不是个好演员，我们是想举例说明像贝肯这样保持合作关系结构多样化的人更能在公司里取得成功。

相比之下，"孤岛型合作关系"指的是如金·凯瑞一般的合作关系，他的合作关系更加紧密。但现实生活不会像图示那般完美，随着大家事业的不断发展，如果与你产生合作关系的总是同一拨人，那么你们往往会在工作中形成信息茧房，缺乏创新能力。

合作关系结构是否多样是个人工作业绩好坏的关键，这是合作关系研究的一项基础性发现。另外韦恩·贝克（Wayne Baker）、埃米尼亚·伊贝拉（Herminia Ibarra）和琳达·希尔（Linda Hill）等研究人员，对合作关系的结构进行了进一步阐释，让人们了解了结构多样的合作关系如何提升知识性工作的效率。

尽管很多成果表明多样化合作关系的作用，大家却不清楚应该如何搭建类似的合作关系。人们会疑惑，搭建有效的合作关系是否要求我们与圈外人保持社交？有没有某类特定人群的合作关系更为重要？花那么长时间去构建一个结构多样的合作关系，真的有意义吗？我是否应当从我当下负责的具体工作出发去搭建合作关系？

为了回答这些问题，我针对 260 位来自不同岗位的人开展了两项采访研究，并对在工作中一直表现非常出色的成功人士进行分析。这些人在事业发展、抗压能力、职业满意度和生活幸福感等指标上的分值都很高，我想了解他们如何利用合作关系保持良好的工作和生活状态，保证自己在职业生涯中持续高效发展。

在采访过程中，他们的事例带给我很多启发。

合作像呼吸一样必不可少

其实约访这件事本身就很困难，通常我得约好几次才能跟受访者通上电话。我做好了在约定时间前 5 分钟收到受访者助理爽约邮件的心理准备。我预料到会有很多严重的紧急状况，迫使我推迟采访。我很理解，大家的生活中总会出现一些可怕的紧急状况，比如孩子生病、突然牙痛、亲人去世等。

对于这种情况我丝毫不觉得意外。成功的高绩效者最不看重的事情莫过于接受学者的采访。然而在我坚持不懈的约访下，我最终还是会促成电话采访。我开门见山地对他们说，我很想听听他们在职业生涯中取得成功的成果和原因，"我不想听您介绍您个人做了什么，而是希望您总结一下如何利用合作关系的力量，积极地规划、实现您的目标"。

对方起初的反应几乎都是："太好了！我刚好有个好例子可以说给你听。"然后他们就兴高采烈地讲了起来。通常他们会与我分享一次经历，描述他们如何通过自己的不懈努力取得令人瞩目的成果，而这项成果与其他人毫无关系，即便有，也是他人在制造障碍考验主人公的毅力。可这并不是我想听的。

这些滔滔不绝的受访者很多都是公司高管，所以我总要听他们说一会才能找到机会插嘴。大约 5 分钟之后，我开始提问："您为什么要提这次经历，您的一生中肯定发生过很多重要的事情，为什么您单单提这件事？"

对方一般会略加思索，然后说："这是因为我与某人的一次谈话……"受访者会说出他合作关系中的一个名字，然后描述自己与另一些人如何一起努力。如此这般，受访者最终都会承认自己的成功是与很多人合作的结果。

在受访者又试图标榜自己的丰功伟绩之前，我会打断他："这件事打开了您的思路吗？您是否意识到自己在技术、市场、政治、文化等方面还存在不足，接下来您是怎么做的呢？"

对方又会停顿一会说："我去找另一个人进行了交流……"

"所以请您告诉我，您是否在某个时刻发生过转变，是否还有其他人对您的转变起到重要作用？"我说。

他们一般会回答："有，有两次很关键……"

于是我们继续探讨受访者是如何取得成功的，他的成功不是他个人努力的结果，而是他与合作伙伴协同努力的结果。

受访者对我改写了他们的成功经历完全不介意，相反，经过我的提示，他们会按照我的思路认真思考，积极配合我的采访。有大约 75% 的受访者最终与我聊了很久，他们很看重这次用全新角度审视自己的经历。他们讲述的内容也从原本 5 分钟就能讲完的单枪匹马的英雄事迹，演变为与丰富的社会生态有关的、长长的故事。

在我向别人讲述我在采访中遇到的这些情况时，有人问我，为什么这些受访者要经过我的提示才能认识到社会生态对成功起到的重要作用。是因为成功人士都很自大吗？我不这么认为。我觉得是因为每个人的自我认知能力有限，有些人忙碌到连电话号码都记不住，又怎能记起过往项目中与他人合作的情况呢？

从某种意义上说，我们的合作关系帮助我们在职业生涯中取得了成功，但这些关系是无形的。人们总是以自我为中心，在谈起过往的辉煌时，很容易回忆起自己做过的事情，却无法清晰地记住别人对我们提供的帮助。人类的本性驱使我们把成功归因于自己的努力，而把失败归因于他人的过错。因此，我们总是依赖于以往的成功经验，不主动学习也不及时总结与应用同样关键的合作方式。

合作关系就像我们呼吸的空气一样，必不可少，却又看不见摸不着。

找到自己需要的合作互动类型

通过上述项目的采访结果，我们发现大家都不知道该如何建立科学的合作关系。大家都知道该如何利用人际关系找工作，获取风险投资或购买物品和服务。虽然这些也很重要，但是仅仅把人际关系用在这些表面的事情上可谓大材小用了，这与成功人士利用合作关系获取事业成功相比是截然不同的。

另外，据我们基于"互联公地"联盟相关企业的大量研究成果表明，合作关系规模的大小与成功并不成正比。这项研究成果让大家意外地发现，这与那些一直鼓励员工广泛建立合作关系的公司和市面上关于合作关系的书籍所倡导的理念背道而驰。

诚然，如果你处在住宅地产等个别的商业领域中，合作关系的规模对于工作确实有很大影响。但是，在普遍情况中，合作关系的规模大小并不是高绩效员工最宝贵的品质。管理庞杂的合作关系费时费力，一旦因此而消耗了过多时间则会导致过度合作，反而降低了工作效率。

同时我还发现，很少有精要合作者按部就班地去主动创建结构多样的合作关系。尽管多样化的合作关系与事业成功之间存在必然联系，但是人们并未因此而积极发展自己的合作关系，就像没有人会主动积累房产经纪人之类既有资源又能接触到不同群体的人脉关系，人总是按照不同阶段的职业规划和工作内容来创建多样化的合作关系。

如何摆脱过度合作   Beyond Collaboration Overload

认识自己的社会生态

回想你过往的成功项目，第一步列出推动项目成功的行动清单以及重要举措的时间节点。

第二步，在一张白纸上从左到右画一条直线，代表项目进展的时间线。在最左端的直线上方，写出最初帮你规划项目成功路径的人。在直线下方写下项目伊始拥有关键的专业技能或提供关键资源的人员。

第三步，在时间线上方，列出帮助过你的人，教会你落实想法、影响他人、寻找资源、获得认可等技能的人。在直线下方，列出中途加入项目，给你带来全新思路或填补技能和知识缺口的人。

第四步，在时间线最右端的上方，列出在你遇到困难或突发情况时帮你渡过难关的人。在下方，列出在项目运行期间为你提供情绪价值、情感支持，拉你回到正轨的人。

最后，回顾整条时间线，想一想有过哪些机缘巧合，帮你以各种方式取得项目的成功。

现在再回过头来看看你在开始时写下的行动清单，与你在项目进程中勾勒出的丰富的社会生态进行比较。从有利的合作关系复述整个项目过程，你就会转变自己的思路，就好像物理学里"能量团"的概念，你可以把它看成一堆粒子，也可以把它看成一道能量波。

请注意时间线上出现的各种各样的人际关系，它们在整个项目周期的不同阶段所发挥的作用也各不相同。如何发展和利用这些合作关系，才是公司里高绩效员工最可贵的品质。你也可以利用这条时间线来查找自己需要在未来弥补的差距。

认识你的社会生态

你做了哪些事情推动了项目的成功？

_____

_____

_____

谁帮你规划项目的成功路径？	谁教会你落实自己的想法并以其影响他人？	项目遇到困难时，谁帮你转变思路？

项目开始　　　　　　　　　时间线　　　　　　　　　项目结束

谁提供关键的知识或资源？	谁在项目中途帮你渡过难关？	谁为你提供情绪价值、情感支持并持续鼓励你？

回顾整个项目的时间线，是否出现过机缘巧合，你曾借助谁的力量取得项目的成功？

_____

在现实生活中，精要合作者会不断地扩充合作关系，但不是"按图索骥"，而是根据直觉和需要伺机而动，用自己独特的方式与他人建立联系。同时他们也注重培养长期的人际关系，为未来创造机会。

他们清楚地知道自己需要哪些特定类型的合作互动，确保工作的执行质量和执行效率。他们懂得如何准确抓住稍纵即逝的机会，同时也明白要用心经营自己的合作关系从而为未来孕育更多可能性。

因此，他们放弃控制欲，适应不确定性，早早行动，虽然有些行为看起来不合时宜，甚至引来他人的嘲笑，但他们用心发展起来的多样化合作关系却为其取得成功创造了条件。

你可以把它称为智慧作战。精要合作者利用合作关系完成了自己的工作，还收获了无形的经验与知识。我的受访者们在合作中培养了勇敢冒险、不怕麻烦、无私奉献的优秀品质，这些品质为他们赢得了成功。但很多道理都是他们自己领悟出来的，没有什么专门的组织能给他们提供具体的指导。

但这并不是说你也必须自己去领悟，你完全可以借鉴他们已经总结的经验和方法，再运用到自己的工作和生活中去。

以提升执行力和效率为目的

精要合作者根据工作的不同时间段，建立合作关系的方式也略有不同。建立合作关系最自然有效的时机是在中期工作中，这时，决定事业成败的关键项目正在进行中，预计还需要几个月时间才能完成。

每个人都会在工作中经历三四个正处于中期的关键项目，对我们取得长远的成就起到至关重要的作用，比如为客户的重组项目提供咨询服务，推动一个新产品的开发进程，用原有代码生成功能扩展软件等。当我们面临此类工作时，要注意界定，确保这些项目真的能够在你的发展进程中起到关键作用，核心的优先项目不应超过四个。这些项目的工作范围、预期目标和时间规划也应该相对明确和稳定。

　　这些中期的工作流程决定了我们要选择那些影响关键成果达成的合作关系。围绕核心项目进行中期合作关系建设，将有利于扩大职责范围、提升有效的执行能力。通过积极为中期的工作培养正确的合作关系，你便能大大减少阻力，减少影响你进步的各种可能。

　　这样的投入会换来巨大的回报，创造的工作成果将超出个人的能力范围，而因这些合作关系建立起的信任和声望也会给未来带来更多潜在的好处。

　　我的研究成果展示了受访者们在中期工作中是如何打造合作关系的。他们主要做了 4 个方面的工作：

- 培育合作关系来打破自身狭隘想法的束缚。
- 将项目设想为团队参与的系列活动，而不是一个单纯的任务清单。
- 利用合作关系来弥补自己的知识空白。
- 广泛与权威人士，甚至是反对者建立联系，用他们的视角审视自己，进而提高效率。

　　下面我们来详细分析一下中期工作的具体做法。

培育合作关系，打破自身狭隘想法的束缚

我深入研究了超过 250 个事业成功者的案例，在每一个案例中，他们都经历过关键的转折点，这些转折的机遇都是他们的合作关系带来的，无一例外。这些受访者也同样愿意分享自己失败的经历，他们直言，"孤岛型合作关系"决定了他们总是独自去解决问题，而这正是他们失败的主要原因。一个项目开工后，大家确定好工作流程，我们便要与其他人一起按照既定的时间和节奏开展工作，这自然会制造出孤立、闭塞的信息环境，在这样的环境中只会产生狭隘、平庸的想法。

在我的研究对象中，事业成功的人都会利用合作关系打破自己的思维局限。他们积极主动地接触能够在项目进程中或在战略性问题上帮自己答疑解惑、优化解决方案、验证工作成果的专家和导师。高绩效者会有计划地联络他的后端客户，收集有价值的用户反馈信息。他们不会直接制订并推出一个自我感觉良好的计划，而是先把方案的几个主要组成部分确定下来，为暂时无法敲定的部分广泛征求意见，使方案逐渐改进，一步步形成最终的解决方案。

他们还善于制造和利用生活中的机缘巧合，让一些潜在的机会自行浮出水面。人们会受限于自己的知识水平和眼界，仅凭自身力量往往很难打破思维局限。你需要主动制造并积极接受意外的收获。

在讲述自己的经历时，许多受访者会不自觉地跳过影响他们的偶然性事件，在我追问几个问题后他们才会想到。但在成功的路上这种偶然性事件会有很多，正是这些偶然性事件给人们的成功轨迹造成很大影响，而这类事件的发生频率连我都大吃一惊。

别让合作压垮你
Beyond Collaboration Overload

我的研究成果表明，因偶然性事件而获得事业成功的大有人在。这与运气有关，但更重要的是精要合作者掌握了制造机遇的秘诀。

采访中我会问对方："您是故意制造了这次机遇吗？"这个问题听起来有些唐突，但有趣的是大家纷纷给出了肯定的回答。他们还对我说，我们不能强行制造机遇，但可以采用定期与不同的人交流想法等有计划的手段去催化机遇发生并在机遇出现时牢牢抓住。

| 如何摆脱过度合作 | Beyond Collaboration Overload |

聆听静夜里的声音

我们要学会以产生最佳成果为目标导向来调整自己的合作关系，不要贪图舒适圈的安逸，总是只与自己喜欢且熟悉的人打交道。

以克丽丝特尔为例。她毕业于一所国际顶尖大学的工程系，在一家很有名的公司工作了十多年，事业上很成功。作为后起之秀，克丽丝特尔被 CEO 指派去负责一个新产品的商业化项目，这个产品的诞生有她的功劳。公司为这个项目配备了顶尖的人才，管理层给予了大力支持，资金也已到位，所有的迹象都表明项目一定可以成功启动。但是 9 个月后，克丽丝特尔却突然辞职了，因为项目的发展方向与预期完全不一致。这个抽调了 64 名员工组建起来的矩阵式团队包括 3 个工作小组——营销组、产品开发组和产品研究组，这 3 个工作小组之间的配合毫无默契，最终导致项目未能如期完成。

在克丽丝特尔看来，营销组和产品开发组的成员没有为项目投入足够的时间。她说："他们拖延了工作进度，影响了团队的士气。"而这两组工作人员似乎也对产品研究组的创意毫无兴趣。"我们给大家介绍经过我们全组成员深思熟虑后确认的行动方案，可是其他人不是反对，就是默不作声。"

团队成员说，尽管这是个典型的产品商业化项目，但克丽丝特尔太过重视产品研究，忽视了其他工作。从我为他们公司做的组织网络分析上看，他们说的没错，克丽丝特尔主要与产品研究人员进行互动，这些人都是她熟悉并信任的同事，与她有着共同的价值观和思维方式，而她与负责销售和开发的人员只维持着浅显的互动关系。有一组显而易见的统计数字表明：她经常联系的同事中包括 7 名研究人员、2 名销售人员、5 名开发人员，这其中之所以有 2 名销售人员也包括在内，是因为他们总是主动去找她。这样算下来，她与研究人员的互动占了她合作时间的一大半。

克丽丝特尔从数据中明白了自己长期处于合作关系舒适圈内，这影响了她的判断，限制了她的视角，让她在思考项目方向时只倾向于产品研究小组的思路。她发现自己成了一个心存偏见而不自知的学习者，已经偏离了正确方向。她只想与让自己觉得舒服、信任、熟悉的人一起工作，这大大影响了她的判断，限制了她的视野。遗憾的是，她直到项目后期才发现这一错误，那时已经无力回天了。

回想一下自己是否曾十分依赖一些让你特别信任、与你亲近，或者与你专业背景相似的人。你断然不会把这些人从你的合作关系中剔除，但你确实应该平衡一下，不要过分依赖于这些关系，多认识一些其他类型的人，帮助你形成更为开阔的视野和思路。

领导们经常会听到许多避免决策偏见的建议，但奇怪的是，我们的大脑仍然存在显著的思维偏差，总会按照信息的来源，以人的亲疏关系对信息进行筛选和预判。

别让合作压垮你
Beyond Collaboration Overload

将项目看成是众人参与的系列活动

高绩效者将合作关系视为自己专业领域的灵活延伸，用来放大自己的能力，他们的秘诀是将日常工作看成是众人参与的系列活动，而不单纯是自己要完成的任务清单。很多人谈到，在他们的职业生涯出现关键的转折点时，他们都不再将手头的工作视为项目流程中孤立的一环，也不再只按照自己的职责要求以现有的团队资源和工作流程来安排任务，而是思考如何利用自己的人脉资源来分配任务。这也让他们明白如何利用人脉资源来创造更多机会。

认识到人们利用人脉获得成功这一规律并不容易。之前我只是一直对此有模糊的感觉，在经过大量采访后，受访者的回答向我证实了这一规律的客观性。

有一位受访者是一名经理，名字叫玛歌。她拥有哲学博士和工商管理硕士双学位，在一家全球性的制药公司任职。她的岗位很特别，专门负责收集职场中高效的创意和工作制度，将其进行必要的改良后推广到各个领域中。设立这样一个岗位，大家都认为是个明智之举。玛歌思路开阔，擅于跨越业务界限去思考，这也让她在这个岗位上做得很顺利。

玛歌向我介绍了她的思考和工作模式。一天，她看到一则针对早期阿尔茨海默症患者的质谱血液检测实验，她想到这项技术成本低廉，过程无创，或许也能应用到公司其他部门。

为了搞清楚这项技术的适用范围，她必须更深入地了解公司其他领域面临的问题。她没有把这件事仅仅看作是自己的工作，而是按照各部门的普遍性事项来处理，因此她请教了很多对这方面知识非常了解的人。

"重点是你必须厘清各个领域之间的交集。"她说，"我会在公司里到处转悠，去别人那里了解各个专业领域的知识。每个人都是一个信息中转站，透过一个个中转站，你就可以开拓与别人讨论的话题范围。"

有一个研究团队对这项技术感兴趣，可是这项技术与团队的工作范围不吻合。"最初他们的态度是'这项技术很不错，但是满足不了我们部门真实的需求'，"玛歌说，"但后来我们开始探讨，这项技术能满足团队的哪些需要。我们一起七嘴八舌地讨论应该去找谁解决相关问题。"

如何摆脱过度合作　　　　　　　　　　Beyond Collaboration Overload

让偶然成为必然

机会就是机会，运气就是运气，很难碰到，不过你可以采取措施，把人聚集在一起，促进思想碰撞，激发机遇的产生。你只需要对未知的未来保持开放的心态，并采取合理的规划和科学的部署。受访者们告诉我，他们会定期与不同的人交流想法，充分抓住每一个偶然事件来创造机会。

下面有一些做法可以借鉴：

- 尽量走不同的通勤路线，以便在变换风景时变换心情。
- 与同事共进午餐时，抽出 5 分钟讨论你的新想法。
- 每周留出时间与新同事见面，或与别人进行深度谈话。
- 跟别人说说你当下的想法和面临的问题，询问他们会如何处理，或应该向谁求助。

- 使用社交工具激发新思维，例如，查看领英上的最新动态，了解你感兴趣的工作岗位有无更新，搜索一下你曾经联系过的人，看看能否将一些灵感借用到新项目中。
- 主动参加活动去结识新同事，比如带领新员工参观办公室，以及为新员工进行入职培训等。

不久之后，激动人心的时刻终于出现了，一个研究代谢类疾病淀粉样变性的团队对这一项目感兴趣，因为这项质谱检测可以筛选出淀粉样蛋白，而淀粉样变性正是淀粉样蛋白沉积引起的。玛歌的成功之处就在于找到了机遇点，而她的工作就是把项目分解成多个创意元素，再把这些创意元素一一套用到不同的人身上。她利用自己的合作关系了解到问题本质，拟定备选方案，再先找到一个合适的团队进行尝试，从实践中了解这个方案的机会和风险点，接着逐层分析，找出其他潜在的合作对象。

现在你应该对"智慧作战"有了更深入的了解。玛歌不纠结合作关系本身的结构问题，也不执着于工作职责的不同分工，她知道合作关系不是一成不变的。要根据具体的工作需求来建立合作关系，因为只有通过工作本身才能找到合作的重点在哪里。玛歌从一个不成型的念头开始，思考谁可以为她提供信息，谁能推动项目的发展，谁能为她提供技术支持，谁能扩大项目影响，然后再去接触相关人士，用共同的利益点吸引对方，与之建立合作联系。她明白这是个由人组成的世界，与人们接触时，她非常善于表达自己的钦佩和感激之情。

当然，玛歌能完成这样的工作，是因为她不会让自己陷入超负荷工作的泥沼而无法自拔。人们的工作量一旦超过阈值，首先被放弃的就是利用合作关系进行的大胆创新和以扩大业务规模为目的的交流与尝试，因为工作的本质就是我们所必须要做的每一件具体工作。我们建立合作关系，不是为了拓展人脉，而是为了能让工作完成得更好，让自己的工作产生更大的影响力。

在我的研究中，成功人士会想方设法利用他人的资源和能力，以互利互惠的方式让大家参与进来，创造更优秀的工作成果。他们也会把工作视为帮助团队成员发展的机会，想办法优化工作思路，让大家用更高效的方式完成工作，从而提升团队整体的业务能力。

总之，这种将工作内容与合作关系建设相结合的能力，是他们在繁重的合作工作中能够取得更优秀的工作成绩的关键原因。

利用合作关系填补知识空白

通常，越是重要的项目越容易出现技能差距。而一旦我们无法正确认识这些差距，就会导致我们的工作钻进死胡同。正因如此，精要合作者愿意承认自己的不足，主动借助外力来填补知识和技能上的空白。

在我的研究对象中，有一位在这一方面表现完美的领导者，名叫加里。他刚刚到任新的岗位，接替一位才工作 9 个月便愤然离职的高管。加里是从内部晋升的，被公认为是这个岗位的最佳人选。他过去负责这个部门的主要业务线，已经在公司工作了 20 多年，对公司文化非常了解，大家对他的评价也很高。不过因为他听不懂很多专业词汇，导致他一上任就遇到了困难。大家在讨论时语速很快，他又不想因为自己要学习新词汇而打断激烈的讨论，影响大家对自己的第一印象。

一天天过去了，同事们理所当然地认为他一定明白大家在说什么。而加里本可以选择闭口不言，让大家继续保持这种错误印象，但是他觉得自己的知识盲区比预期更大，而这是个学习知识的好机会。

加里准备了一个笔记本，记下每一个自己不熟悉的词语。到了月底，他趁着开会的时间拿出笔记本说："我有 33 个术语听不懂。"他请团队成员帮他解释。其中有许多术语在工作中很重要，甚至决定了加里能否胜任这个新岗位，做出正确决策。于是团队成员很快就选出了几位专家特地来为加里解释。

精要合作者善于以不同的方式利用合作关系来填补自己在知识和技能上的空白。当今世界充满着错综复杂的信息，你不可能掌握项目的全部信息。因此，需要我们经常反思自己在技术知识、市场资讯、文化背景、政治动态、领导能力方面存在什么差距，并找到借力而行的办法补齐差距。

与权威人士甚至反对者建立联系，用他们的视角审视自己

这一策略包含两方面因素，一是要与权威的决策者建立联系，二是要与非权威的意见领袖保持接触，培养更全面的影响力。成功人士通常会早早地开始接触相关人员，前期充分的铺垫往往能有效阻止灾难性事件的发生，避免项目中途被权威委员会或关键的利益相关方叫停。

同样重要的是，这些人际关系还能让项目的执行过程更高效。善于利用人际关系的人能够借助他人的力量捍卫自己的想法，争取更多支持，别人需要开 5 次会才能完成的任务，他们只要一两次会议就解决了。

因此你应该结识有影响力的权威人士，他们是拥有决定权来分配各类资源的人，包括时间、人力和资金，他们还可以在别人不认同你们的方向时，有权决定项目的成败。你可以找到这些人，根据他们的独特需求决定如何与他们建立人际关系。而既简单又有效的办法就是召开一次会议，跟他们一起推演这个项目，了解他们的思路。

一位从事生命科学行业的领导者向我描述过，他曾早早地让几位重要的出资方参与项目，他在制定项目正式计划及资金投入方案的前几个月就开始与他们接触了，目的是确保由他们负责的任务符合项目的预期。他与出资方沟通时并没有准备长篇大论的资料，只围绕着一张 PPT 展开了热烈而丰富的讨论，讨论项目启动后的各种可能性。"我用这种方法与他们共同制定了符合双方需求的工作流程。"

这一做法的关键之处在于找机会调整项目内容，让这个项目既有助于培养团队的整体业务能力，又有利于提高团队的积极性。可这对于一些人来说是很难做到的，因为这些人必须在有了成熟的想法之后，才敢拿着一份详细的方案去找人沟通。

可是我们要如何吸引非权威的意见领袖呢？精要合作者会耐心地找到能对人产生重大影响的人并与之建立人际关系。这些人有能力影响别人去接受某个想法，也有办法推动新项目和新流程的实施。精要合作者迅速邀请他们参与概念雏形和解决方案的开发工作，这样团队就可以借此吸引意见领袖的想法并且尽早获得他们的支持。如此一来，随着项目的推进，工作质量和效率都能得到提升，他们的项目也很少在审批时遭遇阻碍。

> 在分析合作关系对你的助推作用时，可以考虑以下两类有影响力的人：一类是那些与组织的不同部门都有联系的人，他们能告诉你怎么让不同团队接受你的想法；一类是人们愿意跟随的人，他们往往可以决定其所在部门的其他人如何看待你的项目，也会对项目的实施起到巨大作用。

精要合作者更容易接触到那些积极进取的人，这些人会热心地传播你的想法。但其实，精要合作者更大的特点是能够分辨与你意见相左的有影响力的人。因此精要合作者总是能很快找到那些持否定态度的意见领袖，并与他们尽早接触。

有些反对者是脾气暴躁的人，他们态度强硬，喜欢泼冷水。但更多情况下，他们只是些关注点与你不同的同事而已，他们之所以持反对意见，与他们的职责、动机和价值观密不可分。在项目计划尚不成熟的时候去接触这些反对者，有一定的风险，但结果可能出乎你的意料，甚至极大地推动项目的成功。因此，不用回避与这类人直接接触。

制造机会与权威人士接触是成功的关键驱动力，可惜这一点常被大家忽视。一位金融服务业的领导者说："大概 75% 的最终产品功能是在执行过程中经由各方协调产生的。你一定要在工作日程和会议上留出时间，跟大家说说项目的可行之处和项目的初衷。在项目初期广泛收集各方意见，并告诉大家针对那些意见你们采取了什么行动。"

以利奥为例。大学毕业后他来到一家顶级科技公司工作，几年后他就被安排去负责一项产品的扩展工作，这个产品可以帮助商业客户达成关键的财务目标。

利奥知道会有哪些人反对这项产品计划，便早早与他们建立了联系。"我联系了两个人，我知道他们质疑这款产品。我们组织了一系列会议，邀请了几位支持我的人，我在会上向大家征求意见。这一系列的动作有两方面的目的。其一，反对者的意见是我重点要考虑的因素；其二，只要我能尽早得到他们的意见，就能更早地得到他们的支持。"

他就几个关键环节向老板和上级经理寻求建议。他知道与他们打交道时不用写出一份完美的计划，只要 70% 的方向正确就行了。"我向他们说明我做了些工作，而这些工作形成了这样一个计划，"他说，"不过我留了些空间请他们帮我改进这个计划。这样一来，我既获得了他们的好主意，又得到了他们的支持。"我听说有些人甚至花了 20 年的时间才明白这样要比制定详尽的计划书、准备一套完美的 PPT 效果更好。留些空间让项目发起者贡献些想法，你可以更顺利地得到他们的支持，他们还会把这个项目宣传出去，就好像那是他们自己的项目一样。可想而知，后续项目实施起来会有多么顺利。

利奥用自己的合作关系制定了方案，接下来他开始认真地借助他人之力来推行这个方案，并主动争取到了关键人物的支持。在项目的发展过程中，他邀请了应对不同客户类型、使用不同工作方式和专注于不同业务领域的人员参与到项目中，他还找来了潜在的盟友和项目顾问，甚至还有联接内外部群体以及传播思想信息的人。

中期的重点合作关系建设

回忆你工作中的一个重要项目或战略任务中对你的成功产生重要影响的一件事。想一想在接下来的几个月中，你应当激活或利用哪些人际关系。

项目或战略任务：

_____

_____

_____

培育人际关系，打破自身狭隘想法的束缚。确认行业专家、技术专家以及后端的利益相关者，随着项目的发展，你应该主动与他们接触。

_____

_____

_____

利用合作关系填补自己的知识空白。反思自己存在哪些与工作相关的不足，比如技术知识、市场资讯、文化背景、政治动态等，找出可以帮助你弥补不足的一类人。

_____

_____

_____

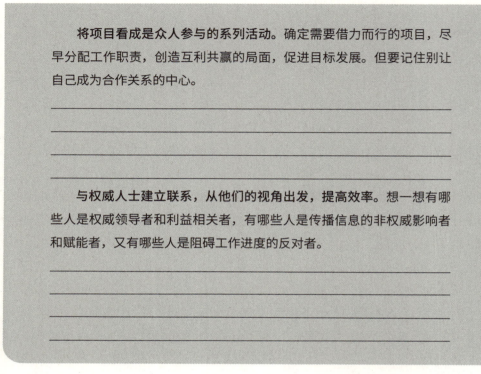

　　将项目看成是众人参与的系列活动。确定需要借力而行的项目，尽早分配工作职责，创造互利共赢的局面，促进目标发展。但要记住别让自己成为合作关系的中心。

_____

_____

_____

　　与权威人士建立联系，从他们的视角出发，提高效率。想一想有哪些人是权威领导者和利益相关者，有哪些人是传播信息的非权威影响者和赋能者，又有哪些人是阻碍工作进度的反对者。

_____

_____

_____

_____

　　所以，在项目中期，我们要积极围绕一个或多个核心项目主动进行合作关系开发。

　　第一步是界定这些项目，确保其重要性；第二步是按上文介绍的四个范畴分别激活合作关系，确保你的想法得以高效实施。你投入的这些时间和精力会给你带来丰厚的回报，大幅扩大你的业绩范围，积累你的职业声望。

　　中期合作关系搭建的作用很大，能让你获得远远超出自身实力的能量进行工作创新，圆满完成工作任务。但是，并非所有关键事项都会集中在中期发生，在一些极具挑战的工作中，我们还需要具备极短期或者更长期的思维方式。

分阶段建设多样性合作关系

在我的采访中出现了一个核心观点：精要合作者一直采用短期、中期以及长期思维去培养和利用自己的合作关系。如本章前面"认识自己的社会生态"辅导笔记所说，每个人都面临这种契机。这些多视角、多维度、多领域的合作关系，是使合作关系多样化的重要基础，能够在工作中发挥重要作用。不过，在合作互动的性质以及合作关系发挥的作用上，每一种视角都有质的差别。

我们上文谈到过，中期的合作互动通常由项目需求来决定，是项目效率和成果的关键。大多数人的生活和工作状态都处在中期。我们已经商定好工作流程，有了明确的目标、进度计划，厘清了任务间的相互关系，并以这些为依据来组织和安排合作活动。在这个阶段，我们能看到精要合作者更积极地对工作的内容和方式进行调整，让大家的合作更为顺利。不过，精要合作者还有短期和长期这两种培养合作关系的方式，这些也是他们事业取得成功的关键原因。这两种互动方式与中期的合作关系同样重要，却很容易被忽视，这是因为我们经常埋首于当下的问题（见图6-2）。

短期的合作互动通常是面临一个突发事件时进行的，这时的合作互动是创新的关键。而长期的合作互动是为未来奠定成功基础的重要探索途径。这些不同时期的合作互动形成了完整的体系，相辅相成。掌握这个体系完整的作用方式，你才能取得更具实质性的工作成果，建立更加高效、创新的合作关系，为未来的成功注入能量。

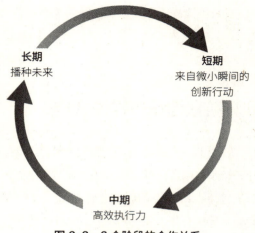

图 6-2　3 个阶段的合作关系

短期：来自微小瞬间的创新行动

我们有时会遇到特别紧急的事情，让我们感到压力倍增。在这个时候，我们应该选择向哪些人求助，要审时度势地做出什么决定？这种突发情况可能是突然收到来自高层领导或客户的指令，也可能是因为自己的某项技能可以解决公司的燃眉之急而临危受命。

这时候大家都处于混沌状态，你想不到自己需要弥补哪项技能上的不足，也不知道要与哪些权威人士建立什么联系。而我们之前提到的行动计划要到中期时，项目已经稳定开展或者工作流程已经建立之后才有实施的空间。

短期问题实际上就是突发问题，此时要先解析你所面临的具体问题，分析制定多种解决方案，预先规划在项目中期要参与进来的人员。这些灵感稍纵即逝，如果你成功抓住，就会打开一个新世界，否则就会错失良

别让合作压垮你
Beyond Collaboration Overload

机。而职业生涯的成功正取决于我们对转瞬即逝的小灵感所持的态度。如果你正承受着很大的工作负担，那么你发现这些微小灵感、抓住机遇的可能性就小了很多。而我经常发现，受访者们在职业生涯中取得成就的大多数源头都可以追溯到这些小灵感。

这些灵感的出现往往有两种形式：第一种是有人向你发出了某个紧急请求。屋漏偏逢连夜雨，这些请求总在我们最忙的时候上门，所以我们此时如何决策就显得至关重要。那么我们该怎么做？

1. 拒绝。
2. 尽管为难，却仍然逆来顺受地第一时间满足对方要求。
3. 解析对方请求，提出一个更为全面的且容许他人参与的解决方案。

第二种灵感出现在我们与机遇偶遇的时候，比如我们在办公室过道与同事擦肩而过时灵光乍现，或者在视频会议中突然冒出个想法，也可能在浏览社交媒体时被激发了灵感，或者仅仅是在走出会议室时突然冒出一个念头。这些想法往往只是些含糊不清的直觉，当你在空闲时，你冥思苦想一小时它们也不出现，反而总是在开会即将迟到、邮件堆积如山的时候冒出来。而这时人们一般有几种反应。

1. 放弃这个想法。
2. 写下来，留到以后跟进。
3. 趁热打铁，马上与同事聊一聊这个灵光乍现的想法，探讨一下执行的可能性。

回想一下，当你冒出这种灵感时会有什么反应？很多人会选择前两种做法，而这些不愿意深挖灵感的人，最终也很少取得伟大的成就，他们的合作关系也必然比直接选择第三项的人更加保守。

而精要合作者则更倾向于第三个选项，他们愿意把这些灵感当作事业的拐点。他们会停下来仔细研究，还要把别人拉进来一起探索，看这些想法是否有开花结果的可能。因为他们的合作关系很丰富，又懂得尽早开发利用这些人脉资源，所以他们能想到更完善的解决方案，进一步为自己塑造卓越的形象。于是，他们既取得了更多事业上的成就，又给自己积累了社会资本。

久而久之，他们经常能取得不俗的成绩，尽管别人也一样聪明，工作也非常努力，甚至经常加班，但这些精要合作者依然能脱颖而出。在我的研究对象中，许多人的成功都是从抓住了不成型的小灵感开始的。

抓住灵感的机会

对我们大多数人来说，捕捉灵感总会因为我们的拖延和忽视而变得富有挑战，尤其是想法本就不甚清晰，或者当我们正忙得不可开交的时候。况且没有人会因为错过灵光乍现的机会而丢掉工作。大家都按部就班地工作，成绩也不错，只是不像精要合作者那样出类拔萃，没有持续积累社会资本而已。

但要抓住灵感，必须对这些稍纵即逝的机会迅速做出反应，原因有三：其一，人们的合作关系和优先事项会发生变化，而灵感却是来得快去得也快；其二，我们的记忆力并不可靠，那些奇思妙想可能一下子就消失得无影无踪；其三，一旦别人转去做其他项目了，就很难再挽回他们的注意力，让他们继续接下来的行动，重新对你的项目感兴趣。

别让合作压垮你
Beyond Collaboration Overload

你需要训练自己对稍纵即逝的灵感做出积极反应，找别人一起探讨，看看这些含糊不清的想法该如何落地。如果你想利用人际关系带来事业成就，就需要不断与他人探索各种合作机会。跟与你专业相近或互补、拥有前沿技术见解，并具备独到的市场视角的人保持联络。公司没有培训过员工，书刊也没有指导过读者如何保持人际交往，你只能从实践中学习，填补这个巨大的漏洞。

在这个阶段，你要做的是稍微停一会儿，看看是否忽视了定义某些瞬间的灵感。获得成功并不是因为你建立了结构多样的合作关系，而是你能抓住瞬间的灵感，且对其做出及时的反应，与合作关系里不同领域、能力突出或思想先进的人一起制定出一个绝佳的方案。

我们在前文中介绍过的利奥就是个好例子，他对一项突发任务反应迅速、勇于开拓。他知道分配给自己的这个产品扩展项目，必须在别人的帮助下才能完成。他求助的第一个人是原来的产品经理，这个人帮他联系了一名数据专家和一名工程师，这两个人为利奥提供了大力支持，填补了他知识的空白。

为了吸引他人的参与，利奥意识到需要搞清楚自身的专长，还需要了解别人的工作内容。很快他召集了一些人，尽管他在这群人中显得年轻并缺乏经验，但他还是与同伴们一起举行了一场卓有成效的头脑风暴会议，最大限度地发挥了同伴的知识和创意。利奥的室友也是一名优秀的咨询师，刚好在另一家公司从事类似的工作，他帮利奥捋顺工作流程，还帮他梳理了方方面面的人物关系。

利奥的成功还少不了一些勇气，他说："我冒险去接触了几位客户，了解了客户的反馈意见。"最终他制定的方案远远超出了最初的预期，这个项目大获成功，利奥一下子登上了公司的杰出员工榜单，他将有机会操盘更多重要项目，而其他同等资历员工的工作业绩可远不及他这般耀眼。

长期：播种未来

长期视角，指的是积极寻找机会培育合作关系，通过价值共创来扩大合作关系的范围。对合作关系的长期探索很重要，因为你能获得与众不同的思维角度。对合作关系的长期探索和发展有助于你抓住短期的灵感、顺利地完成中期的事业转折。不过，这些合作关系的发展也颇具挑战性，因为这项工作没有具体的时限，我们总是拖延或忽视它。

我们上面讲过，高绩效者的长处在于无论事情有多忙，他们都不会拖延或忽视这些必要的工作。相反，他们会不断探索，不断联合他人创造共同价值。

不断探索

善于合作的人会通过探索性的讨论提高对相似专业的认识。在合作需求出现之前进行探索性的互动、建立合作关系，能极大地提高大家发现机遇的能力。这种做法还能锻炼大家制定范围更广、针对性更强的解决方案的能力。

深入了解你的合作关系有助于打开视野，有利于收集和创造新的工作方案。当我们面临挑战或机遇时，具有丰富专业知识的人会根据自己周围的人的特点对形势进行判断，高绩效者更会在不同部门间有意识地展开探索性讨论来深化这种特质。

别让合作压垮你
Beyond Collaboration Overload

回顾我们听到的职业生涯中的成功故事，每个故事都充分展现了识别合作关系中每个人的能力所在有多重要。例如，有一位财务经理与一位客户合作了多年，负责客户长期战略的构建工作。她想起与其他两位同事的一次谈话，设计了一套方案，这次偶然的灵感让她获得了一次参与跨越工作领域的机会："假如你了解其他部门成员具备什么技能，并积极地培养这些合作关系，你的视野就会被打开，在项目执行时就很容易激发出你的灵感。"她说。她的想法最终形成了一套整合多种工具以满足客户需求的解决方案。如果这位经理不认识其他部门的同事，就只能提供常规的事务性服务，无法提出高利润的方案，更无法将其开发为一款非常成功的产品，带她走向职业生涯的高光时刻。

拥有长远视角的精要合作者经常与他的合作对象进行探索性讨论。他们喜欢系统地召开会议，探讨如何与他人合作做些更有意义的工作。他们利用这些会议来熟悉他人，也让彼此更加了解各自的兴趣和特长。他们会花时间进行与具体工作无关的交流，也经常问些与任何项目都无关的问题。

此外，他们还经常举办小型论坛，为正在进行的工作项目出谋划策。在论坛上，他们进行开放性对话，帮助大家展开想象，最大限度发挥自己的能力解决更多问题。

你也可以效仿此法，但前提是你要针对不同需求展示你多方面的才能。"为了让生产部门知道如何更好地与我们配合，我们的沟通过去常常从汇报股票行情开始，"一位领导者说，"但这并未起到什么作用。有一天，我在演示股票行情的 PPT 时遇到了一个技术故障，我只能中断汇报，转而组织与会者讨论。我让大家总结出他们正面临的五大难题。我把这些难题一一写在白板上，接着大家围绕我们部门如何展开配合的问题进行了热烈的讨论。这次讨论最终促成了两个小组的一个重大合作项目……如果我只是做演讲，就永远不会发生这样的事。"

深度理解合作　　　　　　　　　　　　Beyond Collaboration Overload

拥有长远视角的精要合作者通常都有很重的好奇心，因此也总能激发出各种想法。大家知道他们兴趣广泛，也愿意接受新鲜事物，因此敢于带着各种各样零零散散的想法去找他们，这些想法中有不成熟的思考、未被证实的假设，甚至还有些只是出于直觉。大家在你来我往的交流中逐渐把这些模糊的概念变成了完善的想法。这些都是高绩效者们乐在其中的经历。结果是，人们都觉得高绩效者"主意很多"，其实他们只是接受能力很强。重点是这些长期的探索行动是高绩效者在当下超级互联的合作组织中重要的工作内容。而且这并不是他们有时间才去做的事情，它和本职工作一样重要。

你在进行探索行动时，必须注意提高合作关系的行动效率。而高绩效人士会通过邀请他人参与项目的筹备工作，实现共同创造。

不断共同创造

精要合作者并不只关注新同事能为自己做些什么，他们的工作目标和合作方式都围绕着大家的共同创造来进行。他们总会考虑到每个人的需要，明白共同创造意味着共同拥有，而共同拥有意味着自身的责任感，激励每个人都付出时间和精力。

别让合作压垮你
Beyond Collaboration Overload

他们投入时间和精力去了解不同部门、不同业务领域员工的工作意愿和智力才能，然后寻找机会共同制订解决方案，结合大家的意愿、发挥各自的才能。在安排工作时也强调分工明确、主动参与，用自由选择来表达相互信任。

这种合作关系的基础，在短期的灵感迸发期和中期的事业转折期中起着关键作用。这一点你可能深有体会。比如有人来向你求助，而这个人正为自己的成就沾沾自喜，只想了解你的专业知识对他有没有用，你肯定不愿意帮他。

相比之下，当高绩效的合作者来向你求助时，因为你们早在之前的互动中彼此成就，培养了信任，了解了对方工作的积极性，你往往会热情对待他们的请求。对高绩效人士来说，合作关系建设不是不加选择的肆意妄为，而是有的放矢，目的是通过合作关系激发创造力、增强执行力、提高工作效率。

阿比在一家全球性专业服务公司工作，她被提拔为一个新成立的业务部门负责人后，精心编制了一套工作计划，以便深入了解部门成员具备哪些专业才能。她与部门的管理人员和技术专家进行了一对一谈话，他们会协助她共同组建这个新部门。她花了些时间了解他们目前的工作内容、过往的职业背景、工作的发展意愿，并深入挖掘他们工作中的创新内容，以及具备的与工作相关的知识技能。

做完这些以后，她根据谈话内容把掌握的信息与每个人的职责、职级以及办公地点进行了关联。她还争取到定期与其他部门的领导、公司老板以及其他高管进行一对一会谈，与高层领导建立起融洽信任的关系。

哪怕阿比忙于业务开发和客户维护工作，她也会抽出时间定期与新员工一起喝咖啡、吃午饭，并与其他部门的同事保持联系。"哪怕我没有时间，也必须每周安排一次这样的行程，至少可以混个脸熟。"她说，"这是一项重要的工作内容。只有这样，你才能获得专业知识，打通各个节点辅助决策。"

在讨论一个想法的细节之前，精要合作者会确保每位参与者都已充分理解这项工作的来龙去脉，明确最终目的、能带来什么收益，还会请别人来证明这项工作的重要性。通过这些做法，精要合作者能保证员工对这个项目抱有持续的积极性。

他们还会用更宏观的角度去考虑项目的目的。例如这个项目为什么对公司、社会以及自己的职业生涯都很重要，为什么能完成这项工作让自己感到自豪。

阿比在新岗位工作了大约一年后，发现了一个超出团队业务范围的复杂项目。她没有因这个项目体量过于庞大而选择放弃，而是制定策略，集3个业务领域的合力去完成。

她想起在过去的探索性谈话中有人提到过一个与此相关的项目，她知道公司里的一些同事或许有合作意愿，她还知道团队里有人了解项目相关技术；还有一位项目经理，正野心勃勃地希望做些亮眼的大项目。

正因对自己合作关系中的成员有一定的了解，阿比才开始深入思考这个项目的可行性。她的合作关系为她创造了一份创新方案，探索出一个服务于大客户的新方式，给阿比和她的团队带来巨大收获。

别让合作压垮你
Beyond Collaboration Overload

选择少而美的合作关系

我知道你此时的困惑在于你太忙了，没时间去做合作关系建设。需要强调的是，我的研究对象都没有庞大的合作关系网络，也没有花很多时间去参加社交活动。他们的合作关系网络最多不超过 30 人，他们保持适当的联系，以互惠互利为宗旨。

当然，他们可能认识很多人，必要时也能启用庞大的合作关系网，但是合作关系的核心圈只有少数几个人。

让我们把这个问题分解一下，看看在实际工作中要花多长时间来发展合作关系。根据我们的研究统计，一位典型的精要合作者是这样分配时间的。

- 短期，抓住转瞬即逝的机会。每个月只需 2 ～ 4 小时。实际上，我们的大多数想法都无法落实，只有少数灵感具有可行性意义。但即使一些想法最终没有结果，也会发展合作关系。
- 中期，合作关系发展以提高执行力为目的。根据项目周期的不同时间节点，根据前文中介绍的 4 个层面来发展合作关系，每月共投入 8 ～ 12 小时
- 长期，持续的探索性投入。每个月 6 ～ 8 小时。

这些时间因人而异，因为每个人的工作职责、级别以及性格各不相同。一般来说，这些活动加起来每个人每月需要投入 16 ～ 24 小时。而从这些投入产生的巨额回报来看，这些时间投入并不过分。不过，这确实要求我们必须有能力腾出时间来开展这些活动，那就是前文的话题了。

我们这里所说的社交活动，可不是你每周花上一两小时打电话而已。在一个人际关联越来越紧密的社会里，电话确实可以推动创新、大幅度提高执行力。但是，精要合作者能找出更多与他人交流互动的方式，正是这些方式使他们继续取得事业上的成功，让他们的生活更多彩、更幸福。

正因为精要合作者树立了这样的形象，机会才源源不断地流向他们，这些人的工作效率也越来越高。按我描述的方式进行 3 个阶段合作关系建设的人，在工作中遭遇的阻碍和摩擦也会更少。

如果你与他人鲜有联系，你可能需要花上很长时间来争取一个方案，而那些精要合作者只需要一次会议就能达到目的。

而如果你因此积累了声望，未来你在工作中遇到的阻碍也会减少。

我一次又一次听到人们抱怨自己无法发展合作关系，因为他们不喜欢人多的地方，不爱"社交"，不擅长"搞关系"。

但是精要合作者告诉我，他们在合作关系发展上取得的成功与自己的性格关系不大。他们并没有积累庞大的人脉网络，也并非人人擅长社交，也不会因为"搞关系"才聚在一起。他们之所以能成功，是因为他们对自己的合作关系是有选择的，是他们为自己和他人创造更多价值的结果。

他们还向我展示了树立自己的声望带来的巨大影响，有助于吸引人才、想法和机遇主动向其靠拢。这也是我们要在下一章讨论的话题。

别让合作压垮你
Beyond Collaboration Overload

1. 要想取得成功，人际关系网络太大反而不好。

2. 管理一个庞大的人际关系网络十分耗时费力，消耗了过多时间很可能导致过度合作，反而影响工作绩效。

3. 仅凭自身力量，人们常常会受限于自己的知识水平和人际关系的范围，很难打破思维局限。你需要做的是主动制造、积极接受意外的收获。

4. 短期的互动通常是面临一个突发的机会时进行的，这时候的互动是创新的关键。中期的人际互动通常由项目需求来决定，是项目执行成果和效率的关键。长期的互动是为未来奠定成功基础的重点探索方式。

Beyond Collaboration Overload

Beyond
Collaboration
Overload

第 7 章

创造积极向上的合作氛围

你不用特别健谈，也不用成为大家的焦点，你只要全身心投入，就能产生强大的影响力。

你有没有在工作中意气风发、充满能量，让你都惊讶于自己居然可以如此努力地工作，工作原来那么有意思的经历？你是如何给工作注入能量，激发你的工作热情的呢？

也许是与一位你一直迟迟不敢去拜访的客户碰撞出很多火花，谈成了双赢的合作；也许突然派你去管理一个无趣的团队，但这段经历成了你职业生涯的重要里程碑；也许是参加了一个枯燥的培训项目，但你发现这个培训其实很有意思，让你成了这方面的专家；也许并没有什么特别的事件，可你就是觉得自己精力充沛、意气风发，每天早晨一醒来就能感到一股迫切的力量，让自己全身心地投入工作。

你还记得这种感受从何而来吗，发生了什么特别的事？我想你会觉得这种感受大多与你的工作和你的合作方式有关。

但如果细细推敲，其实这与工作的关系并不大，而是与你和他人的互动有关。拜访客户之所以对你有所启发，是因为你们双方都非常积极，全情投入；你原以为平庸的工作最后变成了一段难忘的经历，是因为整个团队都认真负责，大家相处得也特别融洽；那个培训之所以变得有意思，是因为培训师很有创意，启发同伴们用一种特别的方式演绎了培训内容的应用场景。

每当我在采访中问到这些问题，看到受访者兴奋起来，听着他们讲述这些特别的感受，我总是很开心。他们会说起自己曾被老板描绘的蓝图所鼓舞，被公司的价值共创文化理念所吸引，被团队的责任感和成员间的感情所感染，甚至是特别喜欢某个搞笑的同事，这些都是工作中能量的源泉。

人们会觉得这个话题太空泛，太形而上，但其实能量是一种实在而普通的东西，能量对取得成功太重要了，而积攒能量的行为是可以习得的。

我们来讲讲保利娜的例子，她是位高管，当时正面临着一场考验。

保利娜在一家全球性食品公司担任巧克力部门的可持续发展总监。可持续发展举措已经成为维持并增加企业利润的一个关键因素，但是多年来公司各个业务部门各自为政。CEO 给保利娜的任务是制定全公司统一的可持续发展政策和标准。这将是一项重大改革，她很可能要与各业务部门的领导发生矛盾。

虽然保利娜的职位赋予了她一定权力，她可以直接命令各部门执行她的决策，但她却不想这么做。

相反，她完全依靠多年来与其他业务部门领导建立起的人际关系来开展工作。"她经常来我们部门，跟我们待在一起，了解我们的具体业务，了解每个人的兴趣和工作发展意愿。"一位业务部门负责人说。保利娜总是轻声慢语，开会做演讲时也从不搞花里胡哨的东西，她从来不是众人的焦点，是个在人群中毫不起眼的人。不过她非常善于思考，在与他人互动时总是全神贯注。

"我们很欢迎她来我们部门。"一位部门负责人说，"她很随和，也很有趣，我们都喜欢跟她待在一起。此外，我们都能看出她非常关心别人，很愿意帮助别人；在她抛出尖锐的问题后，我们总能想出创造性的解决方案来。她不仅慷慨地为我们提供资源，还一直帮我们跟进，直到我们获得资源，现在哪还有人做这样的事？"

保利娜建立的合作关系是她的优势，于是她去走访各个部门，推行可持续发展策略。她有一个信任又熟悉的助手与她一起走访，助手先做了一个内容条理清楚、引人入胜的PPT，详细介绍了全球市场产能过剩造成巧克力价格下滑的现状，而这正是导致公司面临巨大利润压力，可持续发展行动受挫的原因。然后他展示了如何利用统一政策和标准降低生产成本，让公司更有条件去积极推动减少童工、改善农业生产等项目。

他用一个鼓舞人心的愿景结束了演讲。"在这个充满挑战的时代，我们的产品为世界各地的人们带来了生机勃勃的好心情，不论是小孩子还是有权势的领导者。"他这样说道，他的演讲稿是保利娜帮他撰写的，"我们的专业就是帮助人们找到快乐，但我们做得还不够，我们有责任让业务体系可持续发展下去。"

其他业务部门的领导很快做出回应，其中一位提醒保利娜，总公司的加工厂曾经出现过一次质量问题，所以，尽管有些供应商存在可持续发展规范问题，但那些部门依然倾向于从外部供应商处采购可可脂。如果保利娜能够保证总公司工厂的生产质量达到标准，他愿意重新回归内部采购渠道，毕竟自家工厂的产品更符合公司政策。他还发动其他业务部门的领导，大家都表示同意。

保利娜和助手相视一笑。她刚刚辞退了宾夕法尼亚州工厂的负责人，取而代之的是一位业界大咖，她是在一次行业会议上偶遇这位大咖的，现在他已经上任，保利娜对他很有信心，这位新经理一定能够使产品达到业务部门的要求，让产品质量有所好转。

保利娜和助手回到总部办公室时，他们的项目已经取得了重大进展。

如何摆脱过度合作　　　　Beyond Collaboration Overload

发掘人的能量

有一天，我正经过"互联公地"联盟一家会员企业的大堂，那是一家全球咨询公司的波士顿分公司。这家公司的首席合伙人拦住了我。我以为我挡了他的路，便往旁边让了让，可他也跟着靠了过来。我明白了，他是想说"我们聊聊吧"。

我们对视了一会，然后他说："罗布，我们公司有很多聪明人，他们都是极其优秀的人才。"

接着他又沉默了，他行为怪异，让我很不舒服，就好像在说："我该从何说起呢？"我忍不住接过话题："没错，你们都非常聪明，非常有才华。"

的确如此，这家公司集合了很多优秀人才，不仅聪明，还具备深邃的思想、广阔的眼界。

首席合伙人之所以强调他们都很聪明，是因为他一直总结公司里个别高绩效员工的优势。当时咨询界的传统观点认为高智商是成功的关键原因，大家都认为，要想比其他人更成功，必须比别人聪明。而这位首席合伙人拒绝接受这样的传统观点。

"我不认为精要合作者与别人的区别在于他们的智商，"他说，"我不认为一个人只要比别人聪明一点就能脱颖而出。"

"那你觉得原因是什么呢？"我问道。

"他们让合作伙伴参与自己的项目，他们会求助于他人，让团队付出更多努力，让客户购买他们的服务。"

经过对公司精要合作者合作关系的梳理、分析以及对个别关键人物的访问，我明白了首席合伙人总结出来的关键优势是什么，就是这些人都拥有无穷的能量。

遵循赋能者行动手册

人们往往认为赋能者必定是性格外向或有特殊魅力的人。这个想法是错误的！并非只有外向的性格和特殊的人格魅力才能给人们带来活力，真正强大的赋能者也可以是朴实、内向、低调的人，就像保利娜那样。你不用特别健谈，也不用成为大家的焦点，你只要全身心投入，就能产生强大的影响力。与之相反，很多人富有魅力、性格外向，却根本无法给他人带来能量。

人们发现组织里真正的赋能者后总会大吃一惊。我的同事为美国麻省理工学院和哈佛大学的生物医学研究机构布罗德研究所做过一项分析研究。用研究所人力资源分析部主管凯特·奥布莱恩（Kate O'Brien）的话说，"分析结果相当出人意料"。研究所里科学家很多，但大部分的赋能者竟然都是些很低调的人。他们在研究领域并不突出，但他们是人与人之间的联结纽带，是组织里的凯文·贝肯，与许多不同领域都有关联。"他们确实特别重要。"凯特说，"如果他们跳槽了，研究所其他科学家的工作热情和团队里团结一致的精神一定会逐渐消失。"

---

6 种积攒能量的行动

你忽略了哪些行为？

你一有机会，肯定会做这 6 件积攒能量的事。然而问题是你在哪些时候，出于什么原因没做这些事？你可以问问自己，你在感到紧张和有压力时，会不会忽略下面这些行为？找到具体事项后，想办法系统性地加强这些行为的练习。

在开会时，我让大家积极思考可行性，遵从内心，发挥想象。

- 为什么重要：远大的目标虽然让人感到激动，但也应该结合现实情况，因为目标只有建立在可执行的工作步骤上才会实现，让你无须担心由此带来额外的工作量。

- 怎么做：与人交流时不仅要强调一个想法的价值，还要考虑它能否实现。

在开会时，我总是很专注，表现出对对方的想法很感兴趣。

- 为什么重要：人们需要得到你的反馈，确认自己的想法是有价值的。
- 怎么做：身体前倾，采取放松的坐姿，保持眼神交流，用微笑和点头给对方反馈。保持专注，积极倾听，在脑海中记住对话内容，用鼓励的语调说话。忽略电话铃声，不要分神去想自己接下来要说的内容。

我为其他人制造空间，让每个人都有机会为决策的产生做出贡献，并让他们看到稳步向前推进的工作中有自己的功劳。

- 为什么重要：如果人们相信自己的努力能够对团队目标产生影响，大家对项目的热情就会提高。
- 怎么做：保持谦卑的态度，认可他人的想法和观点，为他们创造解决问题、反馈意见的机会，以他们的想法为基础进行延展。表达对他人的欣赏，准确运用自己的专业知识，不要把自己的想法看得太重。

如果我不同意某项计划，我会就事论事，决不针对某个人。

- 为什么重要：针对某个人的言语或行为会打击到他人，导致工作无法推进。
- 怎么做：提出批评意见时，要就事论事，不要批评某个人，目的是提出你的思路来引导别人探索。

我善用幽默，用自我调侃的方式缓解紧张气氛，在互动中消除身份地位的差距。

- 为什么重要：幽默，尤其是自嘲，可以改善人们的情绪，让人重新振作起来，消除紧张气氛，消除上下级关系的隔阂，鼓励大家展现真实的自己，启发大家勇于开口发言。
- 怎么做：找机会开开自己的玩笑，或者开开"共同的敌人"的玩笑，比如你们的竞争对手。不过玩笑也要注意分寸，除非你知道别人会有什么反应，否则不要去开冒犯他人的玩笑。

我既努力推动项目进程，也欢迎大家提出新想法，改进工作流程，更好地实现目标，在两者之间我会保持恰当的平衡。

- 为什么重要：如果允许人们从项目发展角度出发，对计划做出调整，大家会更积极地参与。群策群力会让项目成果出现意料之外的惊喜。
- 怎么做：对目标保持开放的态度，及时变通，广泛征求他人的意见。但是仍要强调解决方案的重要性，确保大家在会议结束后清楚接下来的行动方向和内容。

就像保利娜，她没有什么耀眼的标签，但她却是个非常典型的赋能者。首先，她让大家积极思考方案的可行性，发挥想象、遵循内心。从公司的加工厂采购可可脂是一个理想的选择，她和助手向大家从理性和感性角度展示了这一方案的优势。其次，她还会不时地幽默一下，用自我调侃来缓解紧张气氛，消除互动时身份、地位上的隔阂。最后，她还在推动目标实施和采纳创意之间保持了有效的平衡，实践了与各业务部门领导共同创建解决方案的过程。

吸引力是赋能者高绩效的秘密

你想要成为一名赋能者吗？我想答案是肯定的。赋能者取得高绩效，获得晋升的概率是其他人的 3 ～ 4 倍，职业转换成功的概率也是其他人的 2 ～ 3 倍。有数据显示，赋能者更容易在事业上取得长期成就，个人生活也会更加幸福。我们在上一章中探讨过，搭建并充分利用多样化的合作关系更有助于获得成功，如果你还是一位赋能者，又会将取得高绩效的概率增加 2 倍。

这是个惊人的发现。判断能否取得成功的最大因素，不是合作关系的规模、个人魅力和社交能力的强弱，也不是你拥有的庞大词汇量或你自信而迷人的微笑，而是取决于你能否成为赋能者，人们与你交谈过后能否感到更有热情，你能否让你的合作伙伴感到能量满满。

赋能者取得成功主要依赖于我前文中提到过的吸引力。不是权势的"吸引力"，而是一种吸引人才、创意和机遇向你靠近的能力。如果你身上具有这样的品质，你就比其他人更能吸引并留住优秀的人才。你可以激发出他人身上的创造力。大家愿意帮助你，你的想法将得到更多的支持，因此你会更容易制造一些意想不到的机遇。

吸引力是保利娜成功的关键原因。她的助手威利做了关于可持续发展的精彩演讲，对她而言，威利是个很重要的工作伙伴，公司里其他高管都没有威利这样出色的助手。

因为保利娜就是一位赋能者，威利被她吸引，同她一起工作。威利是从公司的会计部门入职的，入职伊始，保利娜就主动了解过他，不仅了解了他的优点和不足，还了解到他希望从事哪些工作，希望在公司晋升到什么职位。她欣赏他做事干脆利索、注重细节，也察觉到他不想独立担当某个要职。通过一段时间的观察，她发现他特别渴望成为一名出类拔萃的二号人物。因此她特地为他量身打造了一个高管助手的职位。

威利和保利娜二人形成了互补，保利娜不擅长在公众场合演讲，但威利刚好擅长，经过实践证明，二人组合的工作效率远高于单打独斗。

还有一位保利娜新请来的工厂负责人。保利娜在一次行业会议上偶遇了他，靠自身的独特吸引力让这个人发现她的赋能者体质，他们在会议过程中有了深入的了解。几个月后，她向他抛去橄榄枝，而他欣然接受。

这时你又会困惑，现在我们了解到了合作关系中的能量，也知道了赋能者的高绩效与他们的吸引力有关。但这些说法都太抽象了，我要怎么做才能具有这种吸引力呢？

一位经理对我讲述团队的经历。每当他们接到一个新项目时，如果这个项目由其他团队发起，他的团队第一反应就是发牢骚。"我们从不会为别人的想法感到兴奋。"他说，"通常，听完项目介绍，我们就会聚在一块儿吐苦水。我们会盘算这件事给我们增加多少工作量，大家都觉得我们最终肯定会把项目搞砸。"这些是在接到新项目后很常见的忧虑，可以理解。

但是，如果团队成员看到了工作的价值和意义，或者项目的发起者是大家信任的人，他们的反应则截然不同。"只有让大家信任的、有意义的事情，才不会让大家对未来的工作充满疑虑。"经理说。

有价值感和信任感，是激发自身能量，吸引他人的基础。

用价值感激发吸引力

人们经常认为价值感与组织使命密切相关，比如，一家探索治愈未知疾病方法的公司会让员工收获强烈的价值感。公司的使命的确是一个重要因素。保利娜与威利共事时，告诉他一定要向业务部门传递他们的工作是在帮助别人这一思想意识，强调公司的使命是让人们找到快乐。可其他公司却把重点放在为何要履行公司使命，如何完成财务目标上。

但人们还是没有足够的意识，不知道向他人传递价值感的人有多重要。其实，人们的价值感是可以借助 ONA 检测出来的，这是一种包含了多家公司提供的信息，用来描述团体中人物关系的一系列工具。ONA 工具可以判断出每个人在组织中承担的不同角色，比如合作活动的创建者、人际关系的联结者、专家、中间人、赋能者、负能量者和散布恐惧心理者（见图 7-1）。

举个例子，我们采访一家排名前 600 的投资银行的领导者："谁与你交流后，会被激发工作中的价值感？"然后我们使用 ONA 来观察他们之间的联结关系。结果显示，这家银行中最出色的前 25% 的领导者每人平均为约 16 人创造了价值感，而与之形成鲜明对比的是，后 25% 的领导者没能为任何人创造价值感。

毋庸置疑，最出色的 25% 的领导者能吸引更多精要合作者，让他们在公司更稳定地工作。从本质上讲，正是因为他们帮别人在工作中树立了价值感，才使他们得以借助于合作关系的力量扩大自己的业务规模。

ONA 工具检测结果显示，员工的价值感有一半来自于人际间的合作关系。我们还分析了一家连锁零售企业，尽管这家公司本质上只是一个销售平台，并不像其他有强烈企业使命感，激励员工奋进的常规实体组织，但在他们的组织内部依然存在清晰的价值感。

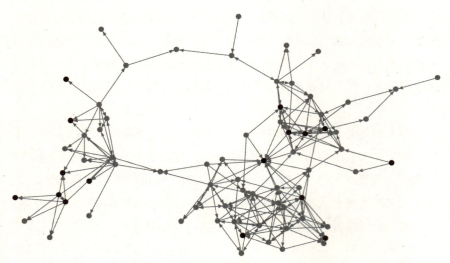

图 7-1 为一家投资银行树立价值感

注：图中的圆点代表一个群体中的个人，其中深色的圆点代表一位高层领导。圆点间的线条反映了领导者与他人的合作过程让谁感受到了价值感。在近 4 000 人的群体中，最为出色的领导者约占总人数的 25%，每人平均让 16 人感受到了价值感，而最为逊色的 25% 的领导者未能让任何一个人感受到价值感。

尽管这两组领导者工作都非常努力，但前 25% 的人创造了更大的规模效益。他们为工作贡献更多，在探求解决方案时更具创新能力，在公司的工作年限也更长。

别让合作压垮你
Beyond Collaboration Overload

有了价值感，人们会因为激励而更加努力，你也会因为向别人传递价值感而具有更大吸引力，价值感推动着人们走近你，带动更多创意和机遇向你靠近。吸引力成为赋能者的关键特点，激发着人们发挥出自己的全部才能。通过数百次采访，我和同事们整理了值得学习和实践的 11 个培养价值感的行为习惯。

用信任创造吸引力

如何在交往中把握分寸快速建立信任，这对很多人来说都不是件容易的事。我主持过一场约 200 人参加的研讨会。我在每个人面前都摆了一些卡片，卡片上写的是可以建立信任感、培养他人价值感和赋予他人能量的行为。我让大家把卡片分成 3 堆：一堆是产生信任的行为，一堆是产生价值感的行为，还有一堆是赋予他人能量的行为，然后我让他们从自觉需要改进的领域中抽出一张。结果令我很惊讶，几乎所有人都从价值感或能量堆中抽出了卡片，只有一个人从信任堆中抽了一张卡片。

这种现象在其他研讨会上也反复出现，这表明大家都不认为自己需要在建立信任上费心费力，至少这不是当务之急。大家相信自己的行为方式一定是正确的，并且理所当然地认为别人对我们也抱有同样的信任。如果我们定在下午 2 点召开会议，我们能够保证自己准时出席，也自然而然地认为其他人相信我们能按时到会，因为我们先入为主地认为自己是值得信任的。一旦听说哪一位同事迟到的原因是认为我不会准时出席，必定十分令人惊诧。我们很自信，因此不会考虑自己的行为是否真的值得信赖，但是事实又是否如此呢？

来自他人的信任是建立吸引力、激发能量的重要基础。前文那位直言不讳的经理说得很好："我们从来不会对别人的想法感到兴奋。"除非这些想法能带来价值感，或让自己信任。如果没有这些条件为前提，我们对陌生人的想法总是提不起兴致。如果存在信任和价值差距，无论你把自己的想法说得多么天花乱坠，大家都不愿意参与。

其中，信任差距与友善有关，也就是对方需要了解我们是否考虑到了他的利益。信任差距也与能力有关，也就是对方对我们的项目不抱期望，或许是因为我们言之无物。信任差距也与诚信有关，也就是对方担心我们言行不一。

在合作关系中，如果缺乏基于友善的信任，对方会抵制我们的想法，因为谁也不想成为一枚被用来耍手段的棋子；如果缺乏基于能力的信任，对方会中途逃离，避免陷入有崩盘风险的项目；如果缺乏基于诚信的信任，对方则会自动开启自我防御系统，拒绝惹到麻烦。

如何摆脱过度合作　　　　　　　　　　Beyond Collaboration Overload

11 个树立价值感的行为习惯

人们往往认为价值感是跟组织的使命联系在一起的，但员工的价值感其实有一半都来自人际间的合作。你觉得下面哪些行为，能为你周围的人带来更大的价值感？请从下面的列表中选出一项或两项。

1. 我帮助他人树立并追求事业目标。
2. 我帮助他人争取与其职业理想方向一致的工作。

3. 我先明确工作的重要性（"为什么"），然后再确定完成工作的方法（"做什么"或"怎么做"）。

4. 我与他人共同商量解决方案，并且在项目早期就开始传播责任感。

5. 我鼓励他人适应同事们面临的需求，并与之保持同步。

6. 我表达对他人工作方法和成果的赞赏。

7. 我鼓励大家在工作中寻找乐趣。

8. 我将消极的互动与交流进行调整，把重点放在值得的事情上。

9. 我鼓励他人通过帮助别人来找到价值感。

10. 我指导他人以恰当的速度和周期与别人合作，使之发挥最佳状态。

11. 我鼓励他人利用组织内外的合作关系找到工作中的价值感。

在前文中我们看到，为了创新，我们既要迅速抓住稍纵即逝的短期机遇，也要通过打造、建设特定的合作关系为未来制造机会。归根结底，我们需要跨越观念障碍，放下控制欲，拥抱不确定性，尽早建立合作关系。而这些有关信息和知识的人际互动，只能建立在信任的基础上。我的研究结果表明，基于友善和基于能力的信任可以培养人与人之间的默契，决定了信息与知识的交换能否成功，当信息来源的双方共同面对一个新的问题，就需要从头梳理解决问题的线索。

建立信任，需要积极行动，让他人迅速地对你产生信任，这是激发能量的重要基础。大多数情况下，都是通过些微不足道的小事建立起信任。

一位企业改革专家告诉我，他加入一个新组织后做的第一件事就是召集一次自我介绍和价值观讨论会议，他利用这次会议开诚布公地介绍自己，用一场典型的"柔软而模糊"的活动，让大家放下戒心。

我见到他本人后，一下子就明白了他这么做的原因。他是个大块头，曾参加过奥运会摔跤比赛，看起来气势汹汹。他很清楚别人看到他时会有什么反应。"不了解我的人会对我有负面的主观臆断，"他用一种轻描淡写的语气地说道，"他们还会四下传播这些负面的臆想，而我自己又看不到、听不着。于是我想如果我直接站出来，让人们了解我是个什么样的人、我的做事风格是怎样的，大家就不会对我有那么多误解了。"

你可以建立起基于友善、能力、诚信3种不同层面的信任。通过一次会议，主动建立起以友善为基础的信任。同样，一些简单的行为有助于建立基于能力的信任，例如，在你提出一个新的想法时，可以向大家展示类似的成功案例。更有另外无数种方法可以用来建立基于诚信的信任，比如对一些不起眼的小事也坚决履行你的承诺。

早在保利娜需要所有业务部门实施新的改革方案之前，她就已经建立了这3种信任。例如，她向业务部门提供了自己的时间、见解和指导，在必要的时候为他们提供资源，而这一切她都没有期望得到回报；她还经常同项目团队之外的人保持联系，了解大家的背景、兴趣和职业期望；她聘请了一名经理来提升工厂的生产质量，展示出自己的工作能力；另外，正如一名业务部门的负责人所说，"她总是一直跟进"，这说明她坚持履行承诺，是个诚信的人。

我们整理了10种值得学习和执行的建立信任的行为习惯。

警惕负能量者的巨大冲击

可悲的是，在我调研过的组织中，负能量者的人数大大超过了赋能者。我为前文中介绍过的那家咨询公司制作过一张合作关系图，从图中能看出，靠近边缘的人都是很少与人联系，自身能量不足的人。在这个图的角落里，我还看到了一位合作者，他的人脉确实非常少，也没有激发过任何人的能量。

还有些人与保利娜完全相反，是负能量者。这些人在任何时候都只看到障碍和限制，他们不等你阐述完计划便开始挑毛病。他们不仅批评他人的方案和想法，还爱把责任归咎于他人，并且不对事而对人。他们只要一出现就让人泄气。哪怕只有少数几个这样的人存在，也会削弱一个团队的力量。从我们的绩效预测模型中的数据来看，负能量者带来的消极影响力是赋能者制造的积极影响力的两倍。

如何摆脱过度合作　　　　　　　　　Beyond Collaboration Overload

10 种建立信任的行为习惯

与其追问自己有多值得信任，不如关注自己的行为：与人打交道时你有哪些行为能快速建立信任？如果你将以下行为做得更妥当，是否能为你争取他人更多的信任？请从下面的列表中选出 1～2 项。

- 我欢迎他人向我求助，为他人提供透明可信的专业知识。
- 我承认自己不是某个领域的专家。

- 我在项目的关键节点与他人的互动频繁、丰富。
- 我鼓励他人批评和改进我的想法。
- 我会向他人提供自己的时间、资源、信息、见解，引荐他人，或提供其他帮助，且不期望从中得到好处。
- 我与不同部门的同事保持联系，了解他们的背景、兴趣和愿望。
- 我以开放的姿态与他人分享我的价值观和工作重心。
- 我会说到做到，对自己的承诺言出必行。
- 我具有更宏观的大局意识。
- 我坚决保守机密信息。

在工作关系之外的人际关系中也可以看到负能量者的身影。一位领导者的单车兴趣小组里有一位负能量者："我们三四个人下班后会一起骑单车，虽然这项运动本身让我快乐，但运动的过程完全违背了运动的本意，有一个女人总是让我很崩溃。她一直在说她多么讨厌自己的工作，她的丈夫很混账之类的话。我被迫退出了这个兴趣小组，后来其他人也因为同样的原因退出了。"

过度合作会对我们产生极大的负面影响，破坏我们成长为一名赋能者的动机和能力。我曾认为负能量者天性如此，我甚至一度怀疑他们来到这个世上就是为了给别人的生活增加烦恼，但几年前有一名研究者分析了我们的纵向数据，发现那些负能量者并非一开始就是这样，很多人以前也是赋能者，可是问题出在哪里呢？

其实我们每个人都是潜在的负能量者。尽管一开始我们是赋能者，仍

别让合作压垮你
Beyond Collaboration Overload

然保持良好的初心，但是过度合作把我们变成了自己不喜欢的人。如果过度合作问题不解决，我们就无法做那些更重要的、更能激发他人能量的事情。如果我们超负荷工作，就只能专注于我们眼前的事情。我们不会花时间去认可别人的努力，我们只关心"做什么"，忽略讨论"为什么"，无法让我们的工作有价值、有意义，更无法得知自己获得他人信任的重要性。

获得信任、价值感，为他人赋能的行为并不难做到，但需要我们有意为之。这也是下一章的主要话题，它把本书所涉及的所有内容汇集到一起，包括工作负荷问题、合作关系问题、赋能问题等，解决了这些问题，我们就走上了一条通向终极目标的道路——幸福感。

精要合作
Tips

1. 真正强大的赋能者可能也很朴实、内向、低调，你不用特别健谈，或者成为别人的焦点，只要你全身心投入，也能产生强大的影响力。

2. 有价值感和获得信任，是激发能量、吸引他人的基础。

3. 良好的人际关系，通常需要百炼成钢。

4. 建立信任，就是要你积极采取一些行动快速让他人对你产生信任，这是激发能量的重要基础。

Beyond Collaboration Overload

Beyond Collaboration Overload

第 8 章

参加有助于修养身心的合作活动

幸福感，并非转瞬即逝的愉悦，
而是对自己的生活满意，觉得
"生活很美好"的感受。

有一次我临时取消了一趟出差行程，有了点空闲时间。那是个阳光明媚的夏日，我开车回到家。当我把车开进车库，突然意识到我的家人都忙自己的事去了，而我既没有朋友可以联系，也没有什么兴趣爱好可以打发时间。那天我在车里坐了一个多小时，一直在检讨自己的生活怎么变得这么无聊。

　　这段话出自一位备受尊敬的软件公司高管之口。在我对那些事业有成的高管们进行的数百次采访中，我经常听到这种说法。他们在大学期间还有广泛的兴趣爱好，有要好的朋友，但自从毕业选择了一项事业之后，他们开始追逐金钱、地位以及声望。工作堆积如山，每天要工作超过12个小时，他们把时间都花在了上班、通勤、出差上，而参与体育锻炼，尤其是参与团体训练的时间越来越少。社交圈子一缩再缩，只剩工作关系，对朋友也开始精挑细选。很快，他们发现自己已经进入了一个回音室，全部生活只围绕着工作展开。他们退出了所有社团，不再参加任何社会活动，凡是需要点技能和精力的爱好，比如音乐、网球，甚至跑步，都让他们感到力不从心。如果足够幸运，他们或许会像我这位备受尊敬的，担任软件公司高管的朋友一样，在某个时刻突然醒悟过来。

幸福感，并非转瞬即逝的愉悦，而是对自己的生活满意，觉得"生活很美好"的感受。幸福感很高的人内心平和，自我满足，并认为生活正朝着好的方向持续发展。可惜也有很多人觉得很难获得幸福感。现代人比以往任何时候都更容易感到压力，那些无休止的合作需求、长时间工作、睡眠不足以及要求人们时刻在线的通讯工具，都是造成压力的原因。根据盖洛普幸福指数（Gallup-Sharecare Well-Being Index）[①]，美国人的幸福感连续两年呈下降趋势，达到历史最低水平，按盖洛普公司研究总监的说法，"整个美国的幸福感都在前所未有地下降"。

盖洛普发现，这种下降趋势反映出构成社会幸福感的要素正不断受到侵蚀，这些要素是指生活中有人支持你、爱你，你有职业幸福感，有你所热爱的事情，有追求个人目标的动力。人们都认可"人际关系是人们获得幸福感的核心"这一观念，在每一种关于幸福感的分析模型中，人际关系都是成功人生的核心组成部分。不过，这些分析模型并没有告诉我们应当如何建立、维持健康的人际关系。模型不会告诉我们，在退出社团或与朋友失去联系后该怎么办，更没人告诉我们，现有的人际关系是如何在不知不觉中带来压力的。

我不是心理学家，也不是心理治疗师，但我采访了很多人，去了解他们的幸福感来自哪里，又因何而缺乏幸福感，试图找出其中明确的规律。

---

① 美国盖洛普公司与"健康之路"公司合作，在全美范围对"生活评价""心理健康""身体健康""健康习惯""工作环境""基本服务"6 项指标的加权平均值，也被称为"美国幸福指数"。——编者注

别让合作压垮你
Beyond Collaboration Overload

我发现在我的采访中，对生活满怀希望的人总会提到几件在工作之外的事情，比如参与体育活动、志愿者工作、民间团体、读书或养生俱乐部等。最理想的组合是参与一个主打身体健康，以营养或运动为主题的团体，再加入一两个以智力、精神为主题的社会组织。大家因共同的兴趣爱好而聚在一起，我们可以与不同性格、不同阅历的人建立联系。

与这些人的互动让我们发现多面的自己，也打开了生活更广阔的视野，让我们摆脱狭隘的自己，把自己重新塑造成一个全新的、丰满的人。这些互动造就了真实的我们，也影响了我们看待世界的方式。最重要的是，我们将更有勇气按照自己的方式生活，不再只会围着无休止的工作需求打转。

除了具有幸福感的人，我的采访对象中也有人经历了两三次婚姻，有的人身体亮起红灯，有的人亲子关系恶劣。在与这些人交谈时，我总能感受到他们的生活维度是单一的，他们认为事业成功是完美人生的绝对参照，于是他们逐渐不去理会与工作无关的人和事。这种感觉给了他们不可一世的错觉，认为其他人不过拥有凡俗的人生，不可与之相比。这种自欺欺人的感觉让你沉浸其中，直到有一天你突然醒悟，有了不同的想法。一位非常成功的软件公司女性高管对我说："我母亲一直在与癌症做斗争，但还是在经历了7个月的痛苦折磨后去世了……我为公司辛苦工作了8年，却没有一个人来参加我母亲的葬礼。"

失去身体的活力、减少生活的维度，使我们在当今高度互联的世界中变得脆弱。我们所有的人际关系投入都与工作有关，因此我们很容易被推向与内心意愿相违背的道路上，深刻体会到生活的变幻莫测。

为了应对普遍存在的无休止的工作需求，我们很容易被"洗脑"，认为自己是在为家人做出牺牲，且这种牺牲是有意义的。我的很多采访对象都在某个人生阶段把这一想法贯彻得相当彻底：他们为了改善家人的生活环境去买了一栋房子，为了孩子们的成长搬到一个好学区安家。

当然，我并不是说不应该为家人着想，因为家人是我们坚强的后盾。但如果你把家人看作自己的一切，认为自己所做的一切牺牲都是为了家人，你就会变得很脆弱。人们倒也不是完全根据物质条件来定义成功，但人们会在私下里攀比。比如作为一位顾家的成功人士需要具备哪些条件，人们用这些条件来定义传统意义上的成功，这些条件中当然不会包含你个人的兴趣爱好，因此那些能给人带来幸福感的事物只能从你的生活中被强制剥离。

如果你对此产生了共鸣，接下来的问题就是如何逃离"回音室"，或如何从根本上避免走进那个"回音室"。

根据我的研究成果，我提出了3个重要的相互关联的策略：

- **和他人一起锻炼身体。**那些被工作占用全部心力的人，通常从三四十岁开始，健康状况呈螺旋式下降。因为工作和家庭中的各种需求加剧，他们没有时间参加体育锻炼，只能退出运动俱乐部。可是运动锻炼是对抗压力，给工作和生活带来活力的最有效方法之一。放弃运动之后，问题就逐渐暴露出来。我发现，那些生活方式更健康的人，总会努力争取参与一些体育活动，不仅培养自己的责任心，还有助于与他人建立深厚的合作关系，从而造就更出色的自己。
- **管理你的微压力，抵御微压力的负面影响。**压力是导致身体健康出状况的首要因素。我们都承受过身边人带来的压力，其速度及强度都极大地影响着身体健康。有些看似微不足道的小事，会在我们心里盘桓几小时、几天，我们甚至都察觉不到它们影响了自己的幸福感。我们总是在不经意间默许这些微压力不断堆积，在无尽的煎熬中，我们要么被迫形成一些应对机制，要么只能祈祷情况自行好转。相比之下，成功人士则更加积极主动，他们会主动找到不断重复出现的微压力，采取措施最大限度地降低影响。

- **参与能创造价值感的人际互动，为生活增添维度。**人们普遍认为价值感来自我们从事的工作，而事实上我们内心的价值感有 50% 来自与他人的互动，而不只存在于工作中。你可以逐渐转变，去参加扩大你社交范围、给你带来价值感的活动。你会惊讶地发现，只需几个小小的变化就能给你带来重大影响，极大地提升你的幸福感。

这些举动看似微不足道，作用却很大，你会发现工作和生活都变得更加精彩。下面我们一一详细探讨。

和他人一起锻炼身体

健康状况与人们的幸福感息息相关，我们的身体状态反映出我们对生活的感受。强健的体魄为我们提供充足的精力和能量，让我们能精神抖擞地投入工作，以强大的吸引力带动他人参加我们的活动，采取积极行动提升幸福感，积极地应对挑战。有研究成果表明，与家人、朋友、同事保持良好关系的人较少出现健康问题，较少出现焦虑和抑郁症状，寿命更长。人际关系与血压、免疫力以及一些炎症反应有一定的关系，这意味着拥有积极人际关系的人罹患心脑血管、中风和癌症等疾病的风险较低。相比之下，人们发现社交孤立会引起类似高血压、肥胖等疾病，而缺乏锻炼和吸烟则是导致疾病和早逝的重要风险因素。有一种理论甚至将社交孤立、冲突关系以及缺乏感情支持等状况视为长期处于压力之下的表现，而此时我们的身体机制做出的反应是迅速衰老。

联系对人们生活的影响

人们在与他人发生联系时，健康的行为习惯与工作和生活中的规范有一定的关系。许多与健康相关的行为会以一种被称为"行为传染"[①]的方式在社交圈内传播。例如，一项针对 4 700 人的重要研究发现，如果你的某个朋友在某个时间段内突然变得肥胖，那么你变得肥胖的概率会增加57%。人们发现精神健康也具有传染性，如果你的朋友情绪低落，则你发生情绪低落的概率会增加 118%；如果你身边的朋友心情愉快，那么你保持愉快的概率会增加 63%。

有趣的是，人们在针对肥胖人群的研究中发现，导致肥胖传染的原因不是人们一起去快餐店吃脂肪含量高的食物，因为即使增加两人之间的地理距离也不会减少传染的概率。相反，肥胖传染现象的关键驱动因素是人们对肥胖标准更加放松。如果人们认为肥胖是正常的，就会减少对暴饮暴食、久坐行为的约束。他人在工作场所建立的规范也是如此，这些规范会影响我们的行为方式，甚至是生理和心理健康。超长时间工作，全天候待命，这种现象在许多公司都很普遍，有时确实对工作时间有直接的需要，

[①] 指社会情绪的传递过程，具体指通过语言、表情、动作和其他方式引起他人相同的情绪和行动。行为经济学家罗伯特·弗兰克（Robert H. Frank）在《行为传染效应》（*Under the Influence*）一书中系统介绍了这种社会效应，该书目前已由湛庐引进并策划，浙江教育出版社于 2024 年 6 月出版。——编者注

但更多是周围的习惯和文化使然。这些习惯和文化暗示：超长时间工作意味着有责任心和忠于职守，意味着我们很厉害、有优势、有竞争力，还反映出我们的角色不可或缺。

那么作为渺小的个体，我们该如何与社会环境对抗？我们要向那些顶住社会环境压力，坚持健康生活方式的人学习什么？大约10年前，世界上十分受尊敬的一家人寿保险公司找到我，向我提出了这个问题。时任首席学习官对我说："我们看好你们关于精要合作者的研究，我们也很想了解那些保持健康生活方式的人都会采取什么样的人际关系策略，换句话说，如果我们决定改善自己的生活方式，是否能借助于某种类型的人际关系提高绩效水平？"

他的思路启发我们开展了一系列长期的定量研究，把个人的人际关系状况与其身体健康的指标进行关联，包括缺勤天数、体质指数（Body Mass Index）①、胆固醇水平、血压以及几项自我报告健康指标。

这项研究产生了两个重要的结论。

第一，我们可以全面地看到，能够长期保持健康生活方式的人，其人际关系更积极，使其受益良多。具体来说，他们周围的人会更积极地影响其饮食营养方案和体育锻炼习惯，带动他们照顾好自己。而性格内向的人在这方面存在系统性劣势。

第二，也是真正让人惊讶的一点，是消极的人际关系会对健康造成极

---

① 身体质量指数，即BMI指数，是国际上常用的衡量人身体胖瘦程度以及是否健康的一套标准。——编者注

大的负面影响。这两者之间的关系主要以两种形式出现：一部分人制造压力，另一部分人带动别人产生不健康的行为，后者会同你一起去健身房，但随后邀请你吃高热量晚餐，让你前功尽弃。一项研究成果表明，平均每人需要多达 7.2 个积极向上的伙伴才能抵消 1 个消极的同伴带来的负面影响。

因此，改进消极人际关系的重点就显现出来了，我们只需要把这些消极的人找出来，然后让他们从自己的生活里消失就可以了。

可我们在真正实践时却不能操之过急。研究结果表明，每当我们提示人们寻找对身体健康带来积极影响的人时，答案通常包括他们的伴侣、孩子、家族中的其他成员及朋友。但当我们继续提示他们找到对他们的身体健康产生负面影响的人时，经常会得到一份几乎完全相同的名单——依然是他们的伴侣、孩子、家族中的其他成员及朋友。所以，问题的根源并不在于某个特定的人，因为你根本说不清楚某人给你的健康带来的是积极影响还是消极影响。因此，解决问题的关键不在于让带来负面影响的人消失，而是改变你生活圈成员的行为。

对这些人的行为进行干预，才是你取得成功的关键。他们给你制造了一个纯粹的恶性循环，而你必须打破这个循环，才能引导人们走向良性循环。从我们的合作关系定量分析模型中可以看到。

人们在出现健康问题后，消极的自我认知开始增强，这将导致人们更愿意处于社交孤立状态，或者你会经常与给你身体健康带来消极影响的人保持联系。这又会导致人们更加倾向于减少运动，多摄入垃圾食品，损害身体健康，最终造成 BMI 指数升高。在统计学上，这个指数又与消极的自我认知增强有关联，于是又陷入新一轮的恶性循环。

这样一看，难怪我们在元旦当天定下的目标很少能坚持到 1 月 15 日，也难怪那么多企业人力资源主管感叹，公司明明提供了很多促进员工健康生活习惯的福利，大家却不好好利用。帮助人们保持身体健康，并非让大家孤立地做什么具体的事情，而是要改变身边的社会生态系统。接下来我们来具体了解一些成功案例吧。

通过联系改变生活的故事

我和同事辛格一起采访了 100 位事业成功人士，我们的采访重点不是他们如何利用合作关系提升业绩，而是如何提升自身的幸福感。我们特别关注合作关系是否能够促进人们的健康状况，是否能够推动工作与生活的成长进度，是否能够提供价值感，是否能够为抗挫折能力的形成奠定基础。

每次采访时我们会先了解受访者在近日是否感觉身体越来越健康。我们得知，由于不同工作阶段和家庭的不同需求，他们的健康状况随着职业生涯的发展变化而起伏。我们追问他们在哪些时候会感觉一切正朝着积极的方向发展。有人说是体质改善的时候，有人说是减肥成功的时候，有人提到了改善营养，有人说起了预防保健（比如睡眠改善），还有人说通过正念练习 ① 有效地控制了血压，减少了压力。但是辛格和我一直想要探寻的不是大家的具体做法，而是合作关系在他们生命中起到了什么作用。

我讲讲其中几个故事吧。

赛思在加拿大落基山脉脚下一个美丽的田园小镇长大。他自学生时代

---

① 是一种专注于当前经验和感受的心理技巧，源自佛教禅修，旨在通过全神贯注于当下的体验，包括呼吸、身体感觉和思维，来提高个人的自我意识和情绪调节能力。

起一直热爱体育运动，高中时在一支具有竞争力的篮球队担任队长，他还是校网球队成员。除此之外，赛思还经常按时令参与户外徒步和滑雪运动。因体育运动习惯而养成的健康体魄是刻在他家族DNA中的优秀品质。

后来赛思被一所著名大学录取，在大学他继续参加体育运动，除了校内篮球联赛，偶尔还会与朋友们相约滑雪。他身边有一群非常健康的人，在运动和学业上都很出色。毕业后，他接受了一家知名咨询公司提供的工作机会，搬到了美国伊利诺伊州的芝加哥市。"从那时开始，出现了两个情况，"他说，"第一个情况是，工作时间激增，需要经常出差，每周只能去几次健身房。第二个情况是，我习惯了美国科罗拉多州的气候，与那里相比，芝加哥天气太糟糕了。由于这两个原因，我慢慢放弃了一直喜欢的体育运动和户外活动。"

当然，生活也不完全是糟糕的事，赛思遇到了一位出色的姑娘。他们结了婚，买了一套小房子，生了两个孩子，又在他们认为最适合的学区买了一栋更好的房子。考虑到来自生活和工作的需求增多，夫妻二人决定分工合作，各司其职。赛思把重心放在事业上。"这一切慢慢侵占了我用于锻炼身体和参与社交活动的时间。"他说，"我们的营养搭配还算科学，但我所有的体育运动都停止了，我退出了以前参加的所有运动团体。我曾试图加入一支社区篮球队，但我的身体状态太差，不小心扭伤了脚踝，脚伤一直没痊愈，导致我接下来近七年时间都无法进行剧烈运动。"

赛思的身体状况好转之后，又加入了一支篮球队。不知不觉中，他已经热烈地投身其中了，篮球运动成了他生活中新的重心，他的社交活动围绕体育运动而展开。他珍惜队友之间的情谊，知道自己一旦缺席，球队就缺人，大家就打不成球了。他享受来自球场上的压力，他在这里不仅培养了友谊，还恢复了球技。

赛思又给自己制定了更详尽的计划，以保证自己能坚持运动。"我定了个铁律，空出每周四晚上 9 点到 11 点的时间。"他说，"我对我的助理说：'你可以随时安排我飞去任何地方，但这个时间段我一定要回家打篮球。'"赛思用这一行为保持了他对运动的黏性。他请助理来帮助自己坚定参与篮球运动的决心，并围绕这一优先事项安排工作。他还要求家人支持自己去参加训练和比赛，因为家人们都知道，"要是不让我去的话，我会变得非常暴躁"。

赛思成功地把篮球融入了自己的日常生活，这也让他明白了该如何更好地照顾自己。为了打篮球，他必须保护好身体，避免受伤，所以他得经常去酒店的健身房锻炼，他得更注重饮食，少喝酒。这都是因为他想和队友在一起，以最好的状态出现在球场上。与这些队友的关系已经不局限于篮球赛场上了，他与两名队友一起骑单车旅行，其中一人还来参加了他女儿的婚礼。这可不是普通的健康管理机构的健康项目能产生的效果。就像某家减重咨询机构提供的健康课程，会专门针对顾客设立问责小组，监督顾客的负面行为，这种机制确实能管用一段时间，不过这种方式无法如赛思一样形成积极的人际关系要素。

除此以外，赛思还把在篮球场上获得的成功经验应用到他的第二项运动——网球上。这让他迅速进入了新的领域，结识了新朋友，获得新知己。网球运动还加深了他和妻子的感情，他们夫妻二人可以通过双打培养默契。采访的最后，他很睿智地用一句话总结道："只要你愿意，工作总会向生活让步。"

赛思如很多受访者一样，利用过去的技能走出了回音室，但也有很多人通过学习新技能获得了成功。例如，一位生命科学公司的高管讲述了她的转变："我上学时会尽一切可能避开健身房。我的身体素质一直不错，直到我快要 40 岁了，医生严厉警告我一定要锻炼身体。"她开始在特定时间去附近的公园里散步，就这样结识了一群人。"对我来说那是个关键的时机，我开始融入一个新的团队。我们一起分享工作和生活中遇到的挑战，我觉得这种感觉非常奇妙，这群人有着不同背景，他们看问题的视角跟我的同事们大不一样。"他们开始设定散步距离的目标，后来散步变成了慢跑，再后来就举办了第一次公益跑步活动。10 年过去了，这位高管如今计划和丈夫一起休假去参加马拉松长跑比赛，同行的人中有当初一起在公园散步的人，也有后来因跑步结缘，与他们成为好友的人。

"这个团体对我很重要。"她说，"我不仅要担负起自己在团体中的职责，更要维护好我们之间深厚的情谊。他们见过我最糟糕的状态，我们互相打气。"这位高管通过参加集体活动领悟到一个重要的道理：参与活动不仅让你产生坚持一项爱好的毅力，还带给你新的友谊，让你获得与他人真诚相处的机会，为你的生活增添了维度。这些人往往拥有不同的背景，通过与他们的互动，我学会了换个视角看待自己的生活，重新认识我们眼里的压力，这让我心怀感恩。如果我们身边都是教育背景相似、取得了非凡成就的人，就无法拥有这样的视角。

并非所有的成功案例都是围绕着体育运动展开的，也有许多人一起关注健康饮食，有些人一起努力减肥，还有一些人喜欢用正念冥想、预防保健等方式来管理压力。大家会采取适合于自身的行动方式，但是所有行动的核心都是让不健康的社会生态系统发生转变。苏珊的经历是极为典型的案例。

苏珊是一家研究机构的经理，她的故事启发我们，可以利用个人合作关系打破不断循环的负面影响，主动改变自己的生活。苏珊在离婚后结交了一群新朋友，帮助她摆脱不断增加的压力和消耗能量的不健康生活。在她遇到一位与她价值观一致，有着共同人生愿景的伴侣之后，苏珊现在会

别让合作压垮你
Beyond Collaboration Overload

定期与新朋友聚会，大家会在事业发展和个人生活两个层面上都互相激励、互相帮助，细心的伙伴们还会提醒她要注重饮食的营养。

过去，她的前夫会让劳累一天后的苏珊"回家路上顺便买点汉堡"，"所以我们吃了很多快餐。"她说，"我和前夫的朋友们也把快餐当作主要营养来源。"而她的新伴侣及其朋友们积极支持她坚持健康饮食，"他们给我的支持是实实在在的。"她说。

朋友们鼓励她搬到离单位更近的地方，每天步行去上班。于是她可以利用通勤时间边走边与人交谈。她减重了约 6 千克，与同事的关系也有了改善。她的新朋友和不断向好的同事关系极大地提升了她的生活质量。"我知道有人在背后支持我，"她说，"万一我生病了，即便我 3 天不上班也没关系，不管我出现什么问题，都会有人来帮我处理。"

管理你的微压力

"您谈及健康状况转好的情况，现在我们再回想一下，您是怎么开始出现那些不良状况的？换句话说，是什么原因导致你的健康状况不佳，让您必须参加集体活动来改善这些状况？"我和辛格通常会在采访进行 30 分钟左右后开始问这个问题。在这之前，我们会一直兴奋地谈论积极的事情，例如受访者如何保持身体健康，人际关系发挥了什么作用等。我突然问起他们之前不健康的身体状态时，受访者总会停下来，陷入沉思。

"我想就是生活本身吧"，这一类的回答，是我们最常听到的答案。我和辛格继续探究，希望能找到共同点，比如讨厌的老板、无理的客户、堆积如山的工作量、对金钱与成功的痴迷，或是出人头地的执念。我们确实能获得一些类似的答案，但大多数人的回答都与以上罗列的因素无关，而与一种我们称其为基于人际关系的微压力有关。我们真正的敌人不是某个重大的挑战和障碍，而是一堆没完没了的小事挤走了你锻炼身体、好好吃饭、好好睡觉的时间。

虽然能够产生良好互动的人际关系是幸福生活的重要因素，但同时它们也会增加我们的压力。比如在会议上，你感觉到大家的想法并不一致，但大家都一言不发；你多次留意到某名下属非常需要指导，他却不愿求助；你孩子的老师发给你一条信息，内容很让你焦虑……我们每天都在承受这些微压力，却说不清到底是什么夺走了我们的幸福生活。

从宏观角度来看，人际关系给我们带来的压力主要有 3 种：削弱能力的微压力、消耗情感储备的微压力、挑战身份认同的微压力。接下来让我们逐项探讨。

如何摆脱过度合作　　　　　　　　　　Beyond Collaboration Overload

打造健康的社会生态系统

你或许注意到一个有趣的现象，新年的第一天健身房总是爆满，但到了月底又重新变得空无一人。有时我们会怀着美好的愿望，下定决心坚持健康饮食、锻炼身体，却总是很快放弃。研究成果表明，若想让一个转变得以持续，需要与他人一同努力，最好是与他人一起设立共同目标。积极的人际关系中的组成要素对培养毅力很有帮助，这与传统的以问责制为约束方法的做法截然不同。

步骤 1：确定一两个与身体健康相关的目标，例如减轻压力、减肥或健身。

目标 1 _____

目标 2 _____

步骤 2：与他人分享这些目标。告知他人你的目标，有助于你信守承诺。

第 1 个人 _____

第 2 个人 _____

步骤 3：确定有助于实现上述目标的实践活动，例如，重新开始学习一项技能或参加公益徒步活动。

活动 1 _____

活动 2 _____

步骤 4：确定积极的人际关系的组成要素，找到能促使你树立责任心、敦促你持之以恒的原因。这些积极要素可以包括一同散步的同伴，一起减肥的伙伴或一个兴趣小组。

人际关系要素 1 _____

人际关系要素 2 _____

步骤 5：采取一些方法，与积极、正能量的人建立深厚的、值得信任的、真实的人际关系，允许来自各行各业的人进入你的生活，让你看到不一样的自己。你可以与别人向着同一个很有挑战的目标而努力，在每次活动结束后与别人交流，而不是立刻赶回家。允许别人看到你脆弱的一面，与别人聊一聊各种不同的话题、各种不同的人生经历。

方法 1 _____

方法 2 _____

步骤 6：围绕这些目标、活动和积极的人际关系要素，建立一个为你提供支持的生态系统。例如，为你的活动留出一个绝不妥协的时间，保持活动的"黏性"；让助理帮你安排健康的工作行程；在工作之外建立一个支持你的社交圈。

生态系统因子 1 _____

生态系统因子 2 _____

削弱能力的微压力

无论我们从事什么行业，在日常工作中与他人进行合作是再正常不过的工作需要。我们努力让同事了解工作进度，寻求他人的意见和支持，别人也把我们放入邮件的抄送列表中。随之而来的是对工作结果不断提高的期待。除了"可交付成果"带来的压迫感耗尽我们的能力，还有无法言说的低效合作方式。如今各种合作越来越繁复，要么增加我们的工作量，要么降低我们的工作能力，进而给我们带来很多压力。

这些削弱我们的工作能力，耗尽个人才能的微压力，包括突如其来的新职责、低效的沟通方式、同事欠佳的工作表现、难以捉摸的老板。很多人会很快找出这些压力源，但还有一种不易察觉的压力来自职责和优先事项方面的冲突。

在当今的职场中，大部分工作都是通过团队合作完成的，个人的绩效取决于团队内外的合作效率，因此我们无法避免很多冲突，甚至连我们自己都没有意识到。比如一个职能相近部门的领导宣布她的团队即将开展一项新任务，可你的团队已经着手做了，于是你们两个部门必须开会进行分工；或是团队中总有人强调自己的职能对实现团队目标更重要，导致团队

别让合作压垮你
Beyond Collaboration Overload

内部气氛紧张；或是有人坚持采用总公司的激励措施，大家在优先事项上产生了分歧。

我们很清楚，这些人际关系问题需要解决，但我们总是没有足够的精力去解决。在如今的工作环境中，大家分布在多个团队中，却都没有时间参与团队发展。因此，团队中出现的问题一个接一个，各种分歧消耗着每个人的能力，我们的压力持续不断地堆积，越堆越多。

消耗情感储备的微压力

我们有一些用来抵抗不良情绪，修补消极人际互动的情感储备，用来化解对亲人的担忧、对行为后果的惶恐、对重大的失误风险的焦虑，或者仅仅是缓解与人互动时的无力。尽管积极赋能的合作互动能极大地影响人们的绩效，但我们更要防备消极的人际关系和打击我们士气，制造恐慌气氛的人。消极的人际关系有很多来源，比如心口不一的人、言行不一的同事、自以为是的队友等，虽然我们并不常与他们打交道，但带来的影响却是巨大的。例如，当你遇到心口不一的人，"真的太累人了，你永远搞不清楚问题从哪里冒出来。"一家生物技术公司的高级科学家扎克说。负面的人际互动即使很短暂，也能让人闹心好几个小时甚至好几天。

管理工作本身会消耗我们的情感储备，因为身为一名管理者，你要对别人的事业成就和生活幸福感负责，我们不想让人觉得自己是个"坏"老板。我们想帮助别人，却总觉得力不从心，无法给下属足够的时间和关注，无法为他们提供有效的工具和培训，无法帮助他们取得成功、获得嘉奖，无法让他们赢得别人的认可和欣赏。我们要管理绩效问题，要给员工反馈意见，要解决团队里的冲突，有时还要进行对抗性谈话，甚至解雇员工。即使面对如此多的状况，我们还得考虑使用建设性的方法，带着同理心和道德感去处理，这本身就能把我们的情绪推向极限。

格哈德是一位生物技术公司的经理，手下大约有 2 000 名员工。他说起了自己带领公司的人进行结构重组时一直感到担忧："在接下来的四五年时间里，每个人都要发生巨大的变化。我要怎么做才能让大家顺利度过这个变革期，每个人都能够获得正确的支持吗？我们的沟通方式是合适的吗？怎么做才能有效地推进工作？这些都是我焦虑的因素。"格哈德的压力背后是一种恐惧心理，他担心自己会功亏一篑，担心自己做不好，让员工失望。"什么时候应该让大家了解什么信息，人们对工作方案都有不同的看法，我不得不周旋在管理层和领导团队之间。如果一切都由我定夺，无须考虑别人的意见，我可能就没那么大压力了。"

恐惧心理极大地影响着我们的压力感受。有些人独断专行的处事风格给人带来恐惧，也有些人会传播恐惧心理，他们会莫名其妙地对合作互动感到恐惧，哪怕根本没有什么可怕的人和事，这些人本身就让人很崩溃。

精神焦虑的领导者也会带来连锁反应，把压力从上至下传递开来。领导者工作压力太大，不做出明确的指示或决策，压力就会转移到下属身上。有人收到过只有两句话的电子邮件，命令其开始行动，可工作开始后却并不知道方向是否正确。领导者因为超负荷工作无法花时间深入研究问题，作出潦草的决策，间接压力也立刻出现，下属不知道应该服从命令还是应该回去问清楚情况。领导者也会通过语音语调、面部表情或肢体语言来传递负面情绪，让他人也感受到焦虑和压力。

挑战自我认同的微压力

很多人都认为指导我们在工作和生活中的行为的价值观和自我认同感

别让合作压垮你
Beyond Collaboration Overload

是稳固的，但我们没想到，这其实很容易受到别人的影响。

你有没有被迫做过一些自己不完全认同的事情？例如，你负责客户工作，为了达成销售"数字"，被迫抬高产品价格，丢失了客户满意度；有人让你去解雇一名为公司勤勤恳恳奉献了几十年的老员工；为了工作而牺牲个人生活，每周 7 天、24 小时待命……以上种种有没有让你感到压力倍增？

每一周、每一天，我们都会面临许多这样的时刻，这些时刻削弱了我们自己的价值观和自我认同感，让我们从一个坚持原则的人变成一个委曲求全的人。因为我们觉得，从长远来看，只有这样才对职业发展更有好处，我们甚至觉得生活本来的面目就是这样。这些时刻不会出现一个霓虹灯标志，上面写着："警告：这个决定将改变你的自我认知！"相反，它们悄悄地向我们袭来，而这时我们往往还没意识到发生了什么，它们来了又走，走了又来。久而久之，我们离自己坚持的原则越来越远。

在我的采访中，我听到许多成功人士描述过，有那么一刻，他们突然意识到自己多年来追求的东西与刚入职场时的目标完全不同了。他们是幸运的，有许多人从未有过这样的醒悟。我们一直努力，只有在内心深处的角落里才能感知到我们过着违背自己价值观和初心的生活。我们的真实内心和外在形象的距离不断拉大，这让我们感到压迫、挫败，我们陷入自我怀疑，后悔没有更坚定地守护自己的初心。

识别和应对系统性微压力

当然，压力并不是今天才有的，只是这些微压力的数量、比例、多样性以及传播渠道与过去不同。这些微压力已经成为我们工作和生活的一部分，我们认为那是正常的机会成本，因此从不觉得有必要认真对待，更不会深入思考分析并采取应对措施。

那些应对负面压力的传统建议，在这时于事无补，因为微压力深深根植于大家一致认可的合作行为中。这些微压力通过各种各样的合作互动向我们袭来，数量之多、速度之快让我们应接不暇。我们无法单独就一项微压力来跟身边的人倾诉，就比如在某个联合项目中有个同事工作业绩不达标，让你感到有压力。虽然与他人讨论这些小事的确有助于排解压力，但铺垫背景，交代前因后果就需要二三十分钟，你的听众才能理解缘由，产生共情；对方有可能提出建设性意见，但这又需要半小时。假如每天我们只遇到这一件事，我们尚且能够这么做，但如果我们每天要受到二三十个微压力的影响，谁有时间把这一切全说清楚，谁又有那么多时间和兴趣听你说呢？

微压力呈现出的困境跟我们以往承受的压力不同，因此我们需要新的方法来应对。从下文的"识别你的微压力表"中找出对你的生活有持续影响的两三个微压力。在理性地思考如何做出有建设性的回应之前，首先需要释放微压力积累起的情绪，你可以进行一项活动，比如体育锻炼、与家人相处、做自己喜欢的事，然后你就可以反思和处理你的压力源了。

压力的真正来源可能隐藏在你的焦虑心理中，你可以通过与他人谈话来解开真正困扰你的问题。一位领导者出现了一些工作问题，她差点因此辞职，不过她与一位信赖的同事聊天，找到了问题所在。"我记得那段时间我总是感到非常沮丧，"她说，"我也说不清楚是什么原因。通过我们的谈话，我想通了，'你说得对，因为我觉得我没有足够的空间发挥自己的能力。'"找到了问题的根源，她去找老板一起解决问题，最终释放了自己的焦虑和紧张情绪。

别让合作压垮你
Beyond Collaboration Overload

但是，找到对你影响最大的微压力较为容易，但列出"识别你的微压力表"中的另外两件事就相对困难一些：反思你为他人创造的微压力，被你无端放大的微压力。

我们都不希望自己成为他人压力的来源，但是在与他人合作时，我们不可避免地向他人施加微压力。比如，无法在截止日期前完成所有工作；将个人目标置于团队目标之上；在深夜发邮件；在早餐时说了刻薄的话，让爱人难过了一整天；打击同事的自信心等。这并非在强调你必须完美，而是启发你想一想自己给别人带来了哪些微压力，形成一个反思的习惯。

问问自己，你有没有无端地放大微压力。即使有人做事不靠谱，他把自己的目标凌驾于团队目标之上，但这真的有你认为的那么严重吗？你能不去在意那些深夜发来的邮件吗？家人说了不好听的话，你能做到左耳进、右耳出吗？你能学会屏蔽打击自信的言论吗？

如何摆脱过度合作　　　　　　　　　　Beyond Collaboration Overload

识别你的微压力表

首先，从下列表格中选出两三个目前给你带来影响最大且你有办法解决的微压力，在压力来源的对应处填个 X。然后再浏览一遍这个表格，反思你对他人施加的微压力，在对应处填个 Y。最后，第三次浏览一遍表格，想一想有哪些微压力被你无端扩大了，找出这些你本应用正确眼光看待的微压力，填个 O。仔细想一想你该如何应对那些最重要的微压力，又该如何处理其余的微压力。

压力来源						
带给你压力的因素	老板	其他领导	同事	客户	团队	亲人
削弱能力的微压力						
角色和优先事项偏差						
微小的工作欠缺						
不可预测的权威人物						
低效的沟通方式						
责任激增						
消耗情绪储备的微压力						
管理和支持他人						
对抗性对话						
缺乏信任						
二手微压力						
人际网络的政治斗争						
挑战自我认同感的微压力						
与个人价值观的微妙冲突						
自信心受损						
消极互动						
人际网络的中断						

别让合作压垮你
Beyond Collaboration Overload

参与能创造价值感的人际互动，为生活增添维度

现在我们找到了积极应对两三个微压力的方法，那么剩下的应该怎么处理呢？有一个办法是正确看待它们。冥想或写感恩日记等正念练习方式会有所帮助。当然，通过运动锻炼保持身体健康，是我们对抗压力的最重要手段。还有利用人际关系处理压力的方式：生活维度更丰富、人际关系更广的人对微压力的感受不同，他们会用正确的眼光看待，而不会通过与别人讨论来放大微压力。

我们都有过这样的经历。当我们正在经历一些让人特别痛苦的挫折时，再回头看待生活中那些让人烦恼、焦虑的小事，心态和眼光立刻就不一样了，甚至不明白自己过去为什么会陷入那样的烦恼中。这样的经历改变了我们的心态，让我们看清了一些小事的本质。我们不需要经历痛苦难忘的事情，只要通过管理生活的维度，用不一样的心态和眼光来看待微压力，就能对这些小事一笑了之，将其抛诸脑后，我们的自我认同感和存在感不会受到挑战。

人的幸福感与自身的价值感有明显关联，因为价值感本质上就是一种信念，是相信自己的生活有意义，服务于比个人欲望更高的目标。生命价值感强烈的人往往在身体健康、心理健康、寿命和整体幸福感等方面都优于别人。人有价值感与减少心血管疾病的患病概率有一定关系。在一项研究中，用六分制来衡量生命价值感，价值感每增加一分，心脏病患者心脏病发作的风险就降低 27%。对于老年人来说，价值感提高一分，就意味着中风风险降低了 22%。拥有价值感也可以减轻压力。一项针对 6 840 名教师的研究发现，生命价值感更强的人更善于管理压力，对健康状况的自我评估结果也更好。拥有价值感，还与睡眠质量好、痴呆风险低、抑郁风险低有一定关系。生命价值感更高的人会更有意愿选择健康的生活方式，

比如勤于锻炼身体，愿意接受预防保养服务，从而获得更好的整体健康状况。

与他人的互动可以带来价值感，我们能通过他人找到更宏大的愿望，追求超越自我的更伟大的事业。与他人的关系也被赋予了一定的意义。有些人与我们价值观相似，追求的目标与我们相似，与之建立联系，有助于我们建立价值感。而与赋能者一起工作会让你感到充满激情和动力。赋能者在谈论工作时，总会讨论事情的必要性和可行性，而不只关注工作要求，不会只看到消极因素，因而赋能者能帮我们建立目标感。相反，那些负能量者会消耗我们的工作积极性、损害我们的价值感。人们在与赋能者进行互动时，会更热情、更积极地投身工作。消极的、耗神的互动无法彻底消除，但如果我们在工作中发展了一些有价值的合作关系，那些消极的人和事似乎就容易平衡和管理了。

我在采访中经常听到事业有成的人诉说自己的生活是多么艰难。但总会有十分之一的人不太一样：他们享受高绩效带来的好处，也能按自己的意愿生活。虽然他们平常也很忙碌，却很少陷入被动局面，他们更有办法在工作和生活中把握主动权。这些人与别人最大的不同，在于他们合作关系的宽度和深度。

"生命之锚"的关键作用

这些被我称为"10% 的人"，他们都拥有"生命之锚"，用来保证自己的生活不会过于单一。他们的生命之锚有 3 种形式：生命角色、过程导向、价值之锚。

生命角色。通过分清角色、明确合作关系、制造仪式感（如记日记）

别让合作压垮你
Beyond Collaboration Overload

来调整生活和合作关系，不让系统性压力主宰自己的生活。举个例子，20多年前，一家软件公司的高层领导者菲利普正面临职业生涯中的重大转折。有一天他坐在北卡罗来纳州自家门廊的摇椅上顿悟了。他意识到，如果他迈出职业生涯的下一步，将导致他无法再按照自己想要的方式生活。这本是合情合理的一步，是他几十年工作经历的自然结果，在很多人眼中都是一份梦寐以求的工作。那天，他花了3小时与妻子一起理清了思路，想清楚了自己想要什么样的生命体验，并将其归纳为6个角色。他希望自己继续做一个"自然人"，尊重身体需求，比如睡眠、健康饮食和体育锻炼等。他还想继续成为一位开拓者、一位好朋友、一名合格的家庭成员、一位全球公民，还想成为一名精神富足的人。

以上的每一个角色都要求他采取对应的行动，联络一些特定的人。每周他都会记录自己在这些角色中取得的成绩和进步，并根据每个角色所需的时间调整下周的计划。每天早上他都会写下对这一天的希望，并把这些记在心里。他说："这件事让我自己都感到惊讶，我不过是把事情写了出来，但好像我已经把这些事情做了一遍一样。"可以想象，这些年来他积累了多少本日记。这些不同的角色构成了他的生命之锚，指导他如何生活，与谁建立合作关系。

这个过程让他将自己的生活安排得更加体系化，防止工作占据自己的全部生活。菲利普会快速识别并拒绝与自身角色不符的事情，很多人都因为他的生活态度和方式而崇拜他。我认识菲利普已经20年了，他总是能在事业上取得出类拔萃的成绩，又过着让大家羡慕不已的生活。

过程导向。以过程为导向的人通常具有拥抱当下的随意性。他们喜欢顺其自然地生活，珍惜与别人相处的时间。这些人最酷的地方在于能够随遇而安。例如，他们不会提前计划好要跟谁一起吃晚餐，再花上很长时间调整工作日程，而是直接对一群人说，他们想去吃晚餐，然后询问有没有人同去。

他们利用一系列非常灵活巧妙的方式工作，他们的合作关系和人生体验超出很多人的想象。他们能抓住短暂的灵感来扩大合作关系、不断成长，他们充分拥抱每一个时刻，抓住每一个机会。"我是个活到老学到老的人。"一位高管对我说，"我有一栋建于17世纪的老房子，我花了很多时间在房子上，更喜欢跟别人谈论我的房子。我还新学了航海技术，与游艇俱乐部的其他成员一起去航海。我喜欢园艺，所以我参加了好几个园艺俱乐部，并且踊跃参与活动。每学期我都要给学生上两门课。我还是校友会主席，积极地参加校友会的活动。我与各个年龄层的社交团体保持联系，现在我正组织一场烧烤聚会，我会把很多人聚集在一起，现在这场烧烤聚会已经变成一场为期四天的大型活动了。"和其他以过程为导向的人一样，他非常珍惜短期灵感带来的机遇，他充分利用这些机遇来扩大自己的合作关系，促进自己的成长，他还利用这些机会在不同寻常的人生道路上前进。

价值之锚。这些是人们根据生活经验培养起来的锚定点。这种锚定点虽然不如前两个全面，却提供了关键的一点，人们会以此建立合作关系，并通过这些合作关系创造更多生活维度。常见的价值之锚包括个人信仰，人们通过一种信仰来认识宇宙中的自我，以信仰的名义帮助弱势群体。而与家人共度时光、优先安排时间与朋友相处、参与志愿服务、成为公益模范等，这些也都是我们可以选择的价值之锚。

兰妮的公司正面临并购。为了以更好的状态应对工作，兰妮非常依赖身边的人，包括另一个部门的职业导师兼好友、她的丈夫以及几个很亲近的朋友。她说：

并购过程很复杂。我每天的工作都很忙碌。在进行质量审计的关键时刻，质量总监辞职了；我们与一个供应商发生了些不愉快。虽然我们的财务指标看起来还不错，但公司的其他方面都在苦苦挣扎，我感到任重道远。我总把自己和别人都逼得很紧，但我很清楚自己的目标：通过吸引人才、吸引团队的方式让公司变得更好。很多人可以在短期内让工作局面变好，却鲜少有人愿意帮助他们。因此，我把自己的价值观和工作重心很坦诚地告诉了我的领导团队。我很清楚，工作不能定义我，也不能支配我，是我的丈夫、孩子和家庭的信仰给了我最坚强的后盾，让我知道生活中什么最重要。

兰妮的合作需求来自全球各地，所以她的工作时间很长，不过她总是看到全天候工作状态积极的一面。"这是辩证的，"她说，"我可以认为工作干扰了我的家庭生活，但也可以利用这一点，直接把工作融入生活。我可以去参加孩子的活动，同时回复短信或电子邮件。我可以在凌晨花几小时认真工作，但也可以随心所欲去我想去的地方，与此同时，我不会让大家联系不到我。我还经常反省：如何才能给别人提供最大的价值，但不非得提供更多时间。"她每周五都会与助理开会，复盘工作日程表上的安排，制订未来两至三周的工作计划。"我们把工作日程表上的安排灵活调整，拒绝一些不必要的请求，放权让他人承担力所能及的工作，还要留出时间为长远目标作规划。如果我不积极主动地做这些事，我会在工作中遇到很多麻烦。"

超越生命之锚

我们的生命价值感是通过工作内外与人的互动在内心深处构建的。在我的研究对象中，有一些人从事着高尚的职业，例如攻克癌症、挽救生命等，却没能拥有快乐，相反，那些做着普通工作的人非常积极乐观。

价值感不仅与我们的工作性质有关，还与工作中的合作关系有关。人们可以通过两类合作关系创造价值感。

一是由工作定义的合作关系。

- 企业文化。跟随一位善于激励他人的领导，在公司发展愿景的激励下工作，或加入一家企业文化积极向上的公司，这类企业会推崇科学的工作方法、支持同事取得成功。
- 同事。共同描绘和创造一个美好的愿景，与价值观相近的人打交道。
- 团队或导师。创造一个开放、积极的成长环境，帮助他人成长，分享你的经验，让自己保持清醒敏锐的思维。
- 消费者或利益相关者。请消费者对产品的实用性进行检验以形成对工作的监督。

二是由生活定义的合作关系。

- 精神。围绕音乐、绘画、诗歌和其他生活美学领域进行人际互动，把工作当成你广阔天地中的一小部分。
- 公益活动。为公益事业贡献自己的力量，从付出中收获身心的健康，接触志同道合的人。
- 朋友或社区。通过体育运动、读书会、晚餐俱乐部等集体活动形成你的圈子。
- 家庭。关爱家庭，以身作则，养成良好的生活习惯，并且通过与家族成员的互动来保持身份认同感。

改变一项活动，创造更多价值感

我听到很多人对我说这样的话："我没有时间与他人进行有价值的互动。我的工作太累人了，我不能浪费时间用这种方式跟人打交道。"类似的说法还有很多，重点都差不多，这些人把工作和生活看成是非此即彼的权衡。他们不知道，通过改变细小的日常习惯也可以产生很大价值感，他们可以通过这些小改变创造出协同效应。

要想了解一名成功人士如何参加产生价值感的社交活动，可以参考朱丽叶的做法。她在一家科技公司工作，被提拔为产品开发部门的主管，这与她的教育背景毫无关联。虽然工作任务繁重，但是她利用工作之余参加了如担任志愿者、亲友聚会等丰富多彩的活动，发现了生活的更多维度。

她参与的大部分志愿者活动都跟孩子的学校有关。尽管工作很忙，她还是抽出时间为学校服务。她和丈夫经常去学校："我们在学校的时间比孩子们还长，有时我们几乎是住在那里。"

朱丽叶的志愿者服务显然与她创造价值感的生命之锚——家庭相吻合，但我惊讶地发现她利用这项活动把朋友和社区也联系了起来。"我和很多在孩子学校里结识的人成了最好的朋友，"朱丽叶说，"我很喜欢跟他们一起出去玩。"

再来看看埃里克的例子，他用一项活动推动了多项价值感的产生。埃里克改变了公司的"披萨文化"。他们公司每次开会都会提供披萨，每天下午4点还会有披萨派对。这对埃里克来说很痛苦，他在法国长大，精致的烹饪方式、典雅的用餐仪式以及用餐时的分享时光是法国人深入骨髓的文化。

埃里克找到公司领导，提出自己的想法。公司需要为员工营造健康的氛围，为员工的生活提供方方面面的支持，这些应该作为公司的价值观予以重视。他向公司领导们建议，勇敢地改变公司根深蒂固的"披萨文化"。

他找来一些同事，一起提出了营造新的企业文化的方案，逐渐吸引到其他人加入。他还与自己的非工作关系伙伴联系，从附近的农贸市场采购健康食品。"我与大家积极互动，一起改变了公司氛围。"他说。公司的职场文化渐渐发生了变化，大家开始留意自己吃什么，什么时候吃，越来越重视健康的生活方式，将"披萨时间"用于外出散步和走楼梯等体育锻炼。

勿以善小而不为

留意一些小事中的价值感，以你内心深处的价值观为基础，用心思考如何改造你的合作关系，而不是让它们改造你。

注意观察生活中的每个瞬间，带着目的性去做一些小事。 相信别人、赞赏别人，帮助他人积极成长，寻找与他人的共鸣，了解同伴的理想抱负，你只要稍微改变一下现有的合作方式，就能发现现有的合作关系也能激发我们的价值感。

能成功避开人生危机的人都愿意花时间与他人探讨人生，因此你可以与他们讨论生活的意义。一位事业有成的高管组建了一个"智囊团"，这些人以她理想中的生活方式在生活。这个智囊团并非全部由人生导师和心理咨询师组成，而是吸纳了来自各行各业的人，有年轻人，也有年长者，他们会从不同视角帮助她不断思考如何实现人生价值。

说回到合作关系。良好的合作关系，通常需要反复磨合。而针对那些

别让合作压垮你
Beyond Collaboration Overload

对自己不利的合作关系，积极寻找机会、占据主动优势、适度同情他人，正确处理、排除隐患，或许能够化害为利，发展出有利的合作关系。

逐渐改变自己，体验生命价值感

精要合作者还有最后一条经验值得借鉴，那就是不要害怕改变，而要把改变看作机遇，发现新的有利机会。找出消耗价值感的事情，从这些事情中解脱出来，投入时间和精力去参加新的活动，加入认同你的价值、与你志同道合的团队，并坚持下去。

一位事业非常成功的高科技公司高管已经工作20多年了，如今的她早已不是她最初想成为的人。事业的发展损害了她的身体健康和自我认同感，逐渐令她力不从心。于是她辞去了这份让人艳羡的工作，下定决心关注身体健康。之前她一直对瑜伽持怀疑态度，不过她还是决定尝试一下。她向丈夫保证一定尝试三次课之后再放弃。

第一次，她对瑜伽学员们表现出来的过分友好嗤之以鼻；第二次，她在心里暗暗嘲笑"行为古怪"的瑜伽教练；第三次，她坚持得还不错，但她心里一直想着"终于要结束了"。当课程即将结束的时候，教练在房间里走了一圈，摸了摸每个人的头。

令她自己也深感惊讶的事情发生了，她突然放声大哭起来。她跟我分析这件事时，意识到那是她很长一段时间以来第一次暴露自己的脆弱，展露真实的自己。她的防备彻底崩塌，再也不想伪装轻松了，在一屋子的陌生人面前尽情表露自己的脆弱。那是她一贯的精英形象所不能容忍的行为。

如今，瑜伽已经成为她和丈夫生活中的重要组成部分，瑜伽定义了他们的大部分社交生活，甚至左右了他们的假期活动。如果不是她的积极和坚持，这一系列的改变就永远不会实现。与其说是瑜伽改变了他们，不如说是围绕瑜伽形成的合作关系起到了关键作用。这些合作关系为她的生活打开了更宽广的视野。而如果放任工作主宰他们的生活，这些视野就荡然无存。合作关系成了他们抵抗压力、恢复精神的源泉，让他们有勇气按照自己的方式生活，而不再按照别人定义的成功标准去生活。

很多人的生活都处于自动驾驶状态，不被自己掌控。但是只要你能利用好偶然的机遇，主动改变，就一定能有所成长。以下一些想法供你参考：

- 在尚不需要改变的时候便开始主动改变。开始运动的时机，应当是你处于舒适状态时，或是你要下蹲起跑的时候。不过，我们还可以再早一步开始主动改变，尽早广泛地接触他人，利用你喜欢的活动（如体育运动等）重新建立合作关系，发起一些新的社交活动。
- 关注你的理想、行为习惯和人际关系。通过持续的改变反思是什么塑造了你的个人目标和人生意愿。找到能让你把时间和精力投入到自己感兴趣的工作上的方法，思考参加什么活动可以增加你生活的维度和广度。
- 小心那些干扰你价值观的冲击。小心应对那些消极的人和事，不要让他们把你带偏。那些看似短暂的影响，却将你禁锢在错误的人生轨道上，让你与自己的初心渐行渐远。

我们生活的时代充满挑战，过往的经历塑造了今天的自己。古往今来，我们从未拥有过如此强大的能力来决定自己要做什么，与谁一起做。所以，不要放弃掌控自己生活的机会。

别让合作压垮你
Beyond Collaboration Overload

改变行为习惯，优化生命价值感

我们用图 8-1 将由工作定义和由生活定义的人际关系按重要程度进行排序。首先，选出能给你带来价值感的领域，把 100 分的总分值分配到各领域。带来价值感多的人，分数高；带来价值感少的人，分数低，打 0 分也可以。然后，检查一下你的分数分配情况，确定哪些领域是你应该加强联系、为你的生活增加维度的。

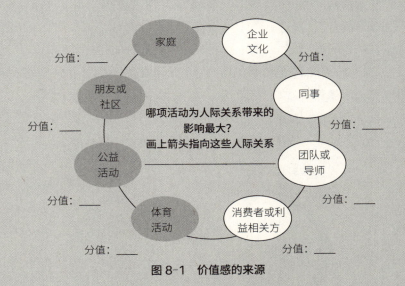

图 8-1　价值感的来源

然后，在圆圈中间，写下你目前正在从事的一项活动，可以是体育锻炼、音乐喜好、社区服务或精神追求。设想如果你稍微改变一下这个活动，会给哪一人际关系领域带来最大的影响，然后画出箭头指向该活动将影响的人际关系领域。如果暂时想不出来，就回想一下过去的兴趣爱好。借助某项运动、爱好或者其他喜欢做的事，往往是人们进入新群体的第一步。在从事这些活动时，稍微改变一下，去接触不同领域的人，往往有助于扩大价值感。与其独自努力去实现跑步 10 千米的目标，不如与孩子、孩子的朋友们和他们的父母们一起跑步，融入更大的集体。

接下来去创造活动的"黏性"：与这群人一起追求一个目标，制定硬性规定，并让家人或朋友参与进来，加速对这一目标的追求进程。把这种改变融入生活，再着手做一两次其他活动。只要你愿意，你会惊奇地发现，工作可以为生活让步。

在第 2 章我们介绍过，成功的合作是无限循环图的一部分。我们再来看这张无限循环图，如图 8-2 所示。

图 8-2　无限循环图

在图 8-2 的左半部分，你采取主动攻势来应对过度合作问题。你挑战思想观念，改变行为习惯来提升工作效率，以推行高效的工作方法来抵御不必要的合作需求。在右半部分，你采取策略充分利用合作关系，成为一名高绩效者，制造规模效应，扩大事业范围，并提升自己的幸福感。

我希望现在你能看到并真正感受到，这不是个抽象的棋盘游戏，这个无限循环是真实的，所有部件都是相互依存的。无限循环图的左右两边相辅相成，左侧的举措为你创造时间、空间和勇气，让你采取行动来提高效率、提升幸福感；右侧的行动给你带来高绩效和声望，有助于你从事更高价值的合作，进一步提高你的绩效。

一旦你开始积极主动起来，逐渐拥有创造工作局面的能力，而不再任由工作来改造你，你就可以真正从消耗你时间和精力的工作环境中解脱出来。你可以专注于创造更丰富多彩的生活，更有激情地投入工作，更多地陪伴家人，更多地参与朋友聚会，更多地关注自己。

精要合作
Tips

1. 如果家人是你的一切，你认为自己所做的一切牺牲都是为了家人，你会变得很脆弱。

2. 参加集体活动不仅可以让你产生坚持下去的毅力，还可以让你获得与他人真诚相处的能力，并且给你的生活增加维度。活动中的人往往有不同的背景，与他们的互动让你换个视角看待自己的生活、看待你眼里的压力。

3. 人际关系是幸福生活的重要来源，但同时它们也有可能增加我们的压力。

4. 压力的真正来源可能会隐藏在你的焦虑或防御心理中，与他人谈话可以帮助你找出问题的内因以及解决真正困扰你的问题。

5. 积极主动起来，逐渐拥有改善工作的能力，而不是由工作来改造你，你就可以真正从不停压榨你时间和精力的工作中解脱出来。

6. 人的幸福感与自身的价值感有关联，价值感本质上是一种信念，服务于比个人欲望更高的目标，它能让你确信自己的生活是有意义的。

Beyond Collaboration Overload

未来，属于终身学习者

我们正在亲历前所未有的变革——互联网改变了信息传递的方式，指数级技术快速发展并颠覆商业世界，人工智能正在侵占越来越多的人类领地。

面对这些变化，我们需要问自己：未来需要什么样的人才？

答案是，成为终身学习者。终身学习意味着永不停歇地追求全面的知识结构、强大的逻辑思考能力和敏锐的感知力。这是一种能够在不断变化中随时重建、更新认知体系的能力。阅读，无疑是帮助我们提高这种能力的最佳途径。

在充满不确定性的时代，答案并不总是简单地出现在书本之中。"读万卷书"不仅要亲自阅读、广泛阅读，也需要我们深入探索好书的内部世界，让知识不再局限于书本之中。

湛庐阅读 App: 与最聪明的人共同进化

我们现在推出全新的湛庐阅读 App，它将成为您在书本之外，践行终身学习的场所。

- 不用考虑"读什么"。这里汇集了湛庐所有纸质书、电子书、有声书和各种阅读服务。
- 可以学习"怎么读"。我们提供包括课程、精读班和讲书在内的全方位阅读解决方案。
- 谁来领读？您能最先了解到作者、译者、专家等大咖的前沿洞见，他们是高质量思想的源泉。
- 与谁共读？您将加入优秀的读者和终身学习者的行列，他们对阅读和学习具有持久的热情和源源不断的动力。

在湛庐阅读 App 首页，编辑为您精选了经典书目和优质音视频内容，每天早、中、晚更新，满足您不间断的阅读需求。

【特别专题】【主题书单】【人物特写】等原创专栏，提供专业、深度的解读和选书参考，回应社会议题，是您了解湛庐近千位重要作者思想的独家渠道。

在每本图书的详情页，您将通过深度导读栏目【专家视点】【深度访谈】和【书评】读懂、读透一本好书。

通过这个不设限的学习平台，您在任何时间、任何地点都能获得有价值的思想，并通过阅读实现终身学习。我们邀您共建一个与最聪明的人共同进化的社区，使其成为先进思想交汇的聚集地，这正是我们的使命和价值所在。

CHEERS

湛庐阅读 App
使用指南

读什么
· 纸质书
· 电子书
· 有声书

怎么读
· 课程
· 精读班
· 讲书
· 测一测
· 参考文献
· 图片资料

与谁共读
· 主题书单
· 特别专题
· 人物特写
· 日更专栏
· 编辑推荐

谁来领读
· 专家视点
· 深度访谈
· 书评
· 精彩视频

HERE COMES EVERYBODY

下载湛庐阅读 App
一站获取阅读服务

图书在版编目（CIP）数据

别让合作压垮你 /（美）罗布·克罗斯 (Rob Cross)
著；马艳译 . -- 杭州：浙江教育出版社，2025. 5.
ISBN 978-7-5722-9625-3

Ⅰ.C912.3-49

中国国家版本馆 CIP 数据核字第 2025Z3P139 号

浙江省版权局
著作权合同登记号
图字：11-2024-566号

上架指导：职场 / 管理

别让合作压垮你
BIERANG HEZUO YAKUA NI

[美] 罗布·克罗斯（Rob Cross） 著

马　艳　译

责任编辑：刘亦璇
美术编辑：韩　波
责任校对：王晨儿
责任印务：陈　沁
封面设计：Soutpost

出版发行：浙江教育出版社（杭州市环城北路 177 号）
印　　刷：唐山富达印务有限公司
开　　本：720mm ×965mm　1/16
印　　张：17.5　　　　　　　　　　　**字　　数：**249 千字
版　　次：2025 年 5 月第 1 版　　　　**印　　次：**2025 年 5 月第 1 次印刷
书　　号：ISBN 978-7-5722-9625-3　　**定　　价：**89.90 元